프랑스어
첫걸음

프랑스어 첫걸음

ⓒ 최내경 외, 2020

1판 1쇄 인쇄__2020년 4월 20일
1판 1쇄 발행__2020년 4월 30일

지은이__최내경·마리즈 부르뎅·김희경·박진석
그린이__김희경
펴낸이__홍정표
펴낸곳__글로벌콘텐츠
　　　　　등록__제25100-2008-000024호

공급처__(주)글로벌콘텐츠출판그룹
　　　　　대표_홍정표 **이사**_김미미 **편집**_김수아 권군오 홍명지 이상민 **기획·마케팅**__노경민 이종훈
　　　　　주소__서울특별시 강동구 풍성로 87-6, 201호
　　　　　전화__02) 488-3280 **팩스**__02) 488-3281
　　　　　홈페이지__http://www.gcbook.co.kr
　　　　　이메일__edit@gcbook.co.kr

값 15,000원
ISBN 979-11-5852-282-7   13760

Vive le français avec Baguy et Panette !

프랑스어 첫걸음

저자 최내경·마리즈 부르뎅·김희경·박진석
녹음 마리즈 부르뎅·로익 젠드리

글로벌콘텐츠

　외국어를 배우는 것은 누구에게나 상당히 어려운 일입니다. 하지만 프랑스어를 배우는 것은 여러분이 생각하는 것보다는 훨씬 쉬울 것입니다. 이것은 프랑스어가 라틴어와 같은 어원을 가지기 때문에 여러분들은 사실 이미 많은 프랑스어 어휘를 알고 있습니다.

　더구나 바기와 빠네뜨와 함께라면 여러분은 즐겁게 프랑스어를 배우는 기쁨을 찾을 수 있을 것입니다.

　그리고 여러분은 알퐁스 도데가 그의 저서 『마지막 수업』에서 언급한 "프랑스어는 세상에서 가장 아름답고 명료하고 확고한 언어입니다."라는 말에 동의하게 될 것입니다.

2020년 3월 30일

서경대학교 한불문화예술연구소에서

김희경·박진석·최내경·마리즈 부르뎅

Apprendre une langue étrangère est une tâche relativement ardue pour tout le monde. Cependant, apprendre le français sera sans doute plus facile que vous le pensez. Vous allez voir en effet que vous connaissez déjà beaucoup de vocabulaire, grâce aux racines latines du français.

De plus, avec Baguy et Panette, vous allez découvrir le plaisir d'apprendre en vous amusant !

Et vous serez bientôt d'accord avec Alphonse Daudet, qui a écrit dans *La dernière classe* que le français est «la plus belle langue du monde, la plus claire, la plus solide».

Le 30 mars 2020

Kim Hee-Kyung·Park Jin-Seok·Choi Nae-Kyoung·Maryse Bourdin

부록

Bienvenue !

> Ce qui n'est pas clair n'est pas français.

학습요점

- 💡 프랑스어 알파벳
- 💡 숫자 0 - 100
- 💡 발음과 철자기호

프랑스어 알파벳 L'alphabet français

프랑스어 알파벳은 모두 26자입니다. 다음은 알파벳의 대문자(majuscule)와 소문자 (minuscule)입니다. 알파벳의 발음을 잘 배워보도록 합시다.

🔊 듣고 따라해 봅시다.

A a [a]	B b [be]	C c [se]	D d [de]
E e [ə]	F f [ɛf]	G g [ʒe]	H h [aʃ]
I I [i]	J j [ʒi]	K k [ka]	L l [ɛl]
M m [ɛm]	N n [ɛn]	O o [o]	P p [pe]
Q q [ky]	R r [ɛʀ]	S s [ɛs]	T t [te]
U u [y]	V v [ve]	W w [dublə ve]	X x [iks]
Y y [igʀɛk]	Z z [zɛd]		

첫 글자는 대문자로

모든 문장은 대문자로 시작합니다. 프랑스(France), 파리(Paris), 루브르(Louvre) 같은 고유 명사(noms propres)나 Français(프랑스 사람), Coréen(한국 사람)과 같은 국적 명사도 대문 자를 사용하는 것에 유의합시다.

수 Les nombres

0	1	2	3	4
zéro	un	deux	trois	quatre
5	6	7	8	9
cinq	six	sept	huit	neuf
10	11	12	13	14
dix	onze	douze	treize	quatorze
15	16	17	18	19
quinze	seize	dix-sept	dix-huit	dix-neuf
20	21	22	23	24
vingt	vingt et un	vingt-deux	vingt-trois	vingt-quatre
25	26	27	28	29
vingt-cinq	vingt-six	vingt-sept	vingt-huit	vingt-neuf
30	31	32	33	34
trente	trente et un	trente-deux	trente-trois	trente-quatre
35	36	37	38	39
trente-cinq	trente-six	trente-sept	trente-huit	trente-neuf
40	41	42	43	44
quarante	quarante et un	quarante-deux	quarante-trois	quarante-quatre
45	46	47	48	49
quarante-cinq	quarante-six	quarante-sept	quarante-huit	quarante-neuf
50	51	52	53	54
cinquante	cinquante et un	cinquante-deux	cinquante-trois	cinquante-quatre
55	56	57	58	59
cinquante-cinq	cinquante-six	cinquante-sept	cinquante-huit	cinquante-neuf
60	61	62	63	64
soixante	soixante et un	soixante-deux	soixante-trois	soixante-quatre

65	66	67	68	69
soixante-cinq	soixante-six	soixante-sept	soixante-huit	soixante-neuf
70	71	72	73	74
soixante-dix	soixante et onze	soixante-douze	soixante-treize	soixante-quatorze
75	76	77	78	79
soixante-quinze	soixante-seize	soixante-dix-sept	soixante-dix-huit	soixante-dix-neuf
80	81	82	83	84
quatre-vingts	quatre-vingt-un	quatre-vingt-deux	quatre-vingt-trois	quatre-vingt-quatre

85	86	87	88
quatre-vingt-cinq	quatre-vingt-six	quatre-vingt-sept	quatre-vingt-huit
89	90	91	92
quatre-vingt-neuf	quatre-vingt-dix	quatre-vingt-onze	quatre-vingt-douze
93	94	95	96
quatre-vingt-treize	quatre-vingt-quatorze	quatre-vingt-quinze	quatre-vingt-seize
97	98	99	100
quatre-vingt-dix-sept	quatre-vingt-dix-huit	quatre-vingt-dix-neuf	cent

Comment compter en français ?

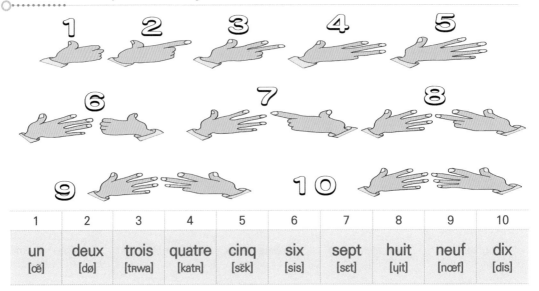

1	2	3	4	5	6	7	8	9	10
un	deux	trois	quatre	cinq	six	sept	huit	neuf	dix
[œ̃]	[dø]	[tʀwa]	[katʀ]	[sɛ̃k]	[sis]	[sɛt]	[ɥit]	[nœf]	[dis]

발음 Prononciation

프랑스어 발음은 그리 쉽지는 않습니다. 발음을 잘 학습하기 위해 녹음을 들으면서 각각의 소리와 예문을 익히면서 연습하는 것을 권합니다. 어휘를 보다 쉽게 배우기 위해 현대 프랑스어의 음성체계를 함께 배워보도록 합시다.

 듣고 따라해 봅시다.

구강모음 Voyelles orales

[a] mal [mal] / à [a]
[e] dé [de] / et [e] / jouer [ʒwe]
[y] lutte [lyt]
[ɔ] robe [ʀɔb] / lotte [lɔt]
[u] vous [vu]
[ø] feu [fø] / deux [dø]

[ɑ] âme [ɑm]
[ɛ] mère [mɛʀ] / fête [fɛt] / est [ɛ] / ai [ɛ] / dette [dɛt]
[i] six [sis] / île [il]
[o] trop [tʀo] / beau [bo] / au [o] / dôme [dom]
[œ] neuf [nœf] / sœur [sœʀ]
[ə] je [ʒə]

발음상 유의사항

[a]와 [ɑ]는 모국인 화자도 구분이 쉽지 않습니다.
[ø]와 [ə] 역시 모국인 화자도 구분이 어렵습니다.
[e]와 [ɛ]의 발음의 차이는 아주 중요합니다.
[e]는 닫힌 [e]로 입술을 좌우로 당긴 상태에서 [i]보다
입을 조금 벌려 발음하는 것이고, [ɛ]는 열린 [e]로 [e]보
다는 입술을 벌려 턱을 아래로 내려 발음하는 것입니
다. 그림을 보면서 발음해봅시다.

비모음 Voyelles nasales

[ɑ̃] en [ɑ̃] / chant [ʃɑ̃] / temps [tɑ̃]
[ɔ̃] bon [bɔ̃] / pont [pɔ̃]
[ɛ̃] pain [pɛ̃] / vin [vɛ̃] / daim [dɛ̃]
[œ̃] un [œ̃] / parfum [paʀfœ̃]

　* 최근에는 [ɛ̃]와 [œ̃]은 발음상의 차이가 거의 없습니다.

반모음 Semi-voyelles (반자음 Semi-consonnes)

[ɥ] huit [ɥit] / nuit [nɥi]
[w] oui [wi] / moi [mwa]
[j] fille [fij] / yeux [jø]

자음 Consonnes

[p] pas [pa] / appeler [apəle]
[k] kilo [kilo] / car [kaʀ] / quand [kɑ̃]
[d] dos [do] / dans [dɑ̃]
[f] fer [fɛʀ] / gaffe [gaf]
[ʃ] chat [ʃa]
[z] zen [zɛn] / case [kaz]
[l] lire [liʀ] / belle [bɛl]
[m] mon [mɔ̃] / femme [fam]
[ɲ] signe [siɲ]

[t] tante [tɑ̃t] / patte [pat]
[b] bus [bys] / bon [bɔ̃]
[g] gare [gaʀ] / guerre [gɛʀ]
[s] si [si] / presse [pʀɛs] / garçon [gaʀsɔ̃]
[v] verre [vɛʀ] / vase [vaz]
[ʒ] je [ʒə] / gens [ʒɑ̃]
[r] rat [ʀa] / verre [vɛʀ]
[n] non [nɔ̃] / canne [kan]

철자기호 Signes orthographiques

어떤 기호들은 발음에 영향을 끼치기도 합니다. 발음과 함께 다음의 예들을 잘 공부해봅시
다. 기호로 발음이 변하는 경우 ≪ˣ≫를 붙여 표시했습니다.

Accent aigu (´) ˣdé [de]	Accent grave (`) ˣmère [mɛʀ] où [u] à [a]
Accent circonflexe (^) ˣfête [fɛt] âme [am]	Tréma (¨) ˣNoël [noɛl] ˣmaïs [mais]
Cédille (¸) ˣgarçon [gaʀsɔ̃]	Apostrophe (') c'est [sɛ] l'ami [lami]
Trait d'union (–) arc-en-ciel [aʀk ɑ̃ sjɛl] venez-vous [vəne vu]	E dans l'o ˣsœur [sœʀ]

연음 Liaisons

첫 번째 단어가 자음으로 끝나고 두 번째 단어가 모음이나 무음 h(h muet)로 시작될 때 연음이 일어납니다. vous_êtes는 [vu zɛt]로 발음이 됩니다. 다음은 연음이 가능한 경우입니다.

-s, -x, -z ⇨ [z]	ils_ont [il zɔ̃] / les_hommes [le zɔm] / deux_enfants [dø zɑ̃fɑ̃]
	chez_elle [ʃe zɛl]
-f ⇨ [v]	neuf_heures [nœ vœʀ]
-d, -t ⇨ [t]	petit_arbre [pəti taʀbʀ] / grand_arbre [gʀɑ̃ taʀbʀ]
-n ⇨ [n]	un_homme [œ̃ nɔm] / bon_appétit [bɔ napeti]

하지만 항상 연음이 일어나지는 않습니다. 유음 h(h aspiré), et 다음, 명사주어 + 동사, 단수 명사 + 단수 형용사, oui 앞에서는 연음이 되지 않는 것에 유의해야 합니다.

· très haut (≪h aspiré≫) / les héros (≪h aspiré≫) / et un / Paris est / étudiant étranger / mais oui

모음축약 Élision

〈e〉로 끝나는 관사나 대명사의 〈a, e, i〉가 모음 또는 무음 h(h muet)로 시작하는 단어 앞에 올 때 생략되는 현상을 말합니다. l'art, l'habit, qu'on, s'il...

le : *le + arbre* ⇨ *l'arbre*   de : *de + homme* ⇨ *d'homme*

ce : *ce + est* ⇨ *c'est*   je : *je + aime* ⇨ *j'aime*   ne : *ne + oblige* ⇨ *n'oblige*

무음 h ≪h muet≫ / 유음 h ≪h aspiré≫

무음 h는 모음축약이 일어나지만, 유음 h는 모음 축약이 일어나지 않습니다.

· l'homme 남자   /   l'hôtel 호텔   /   l'heure 시간   /   l'histoire 역사
· la haine 증오   /   le héros 영웅   /   la hauteur 높이   /   le hasard 우연

무음 h는 연음이 되지만, 유음 h는 연음이 되지 않습니다.

· les_hommes 남자들   /   trois_heures 3시   /   Ils_habitent 그들은 살고 있다
· très haut 아주 높이   /   les héros 영웅들   /   les haut-parleurs 확성기

La baguette, tout un symbole !

> Nul pain sans peine.

학습요점

- 인사 표현
- 근접미래
- 정관사 · 부정관사 · 부분관사
- 프랑스 상징
- 직업명사

Baguy : Bonjour ! Je m'appelle Baguy !
안녕! 　　내 이름은 바기야!

Panette : Et moi c'est Panette !
나는 빠네뜨야!

Baguy : Dis-moi Panette, quels sont les symboles de la France ?
빠네뜨, 프랑스 상징은 뭘까? 말해줘.

Panette : La tour Eiffel !
에펠탑!

Baguy : Astérix !
아스테릭스!

Panette : Les grandes marques de luxe comme Chanel,
Hermès ou Louis Vuitton !
샤넬, 에르메스 혹은 루이뷔통 같은 명품!

Baguy : Le fromage !
치즈!

Panette : Le vin !
포도주!

Baguy : Les Champs-Élysées !
샹제리제!

Panette : Il y a beaucoup de symboles de la France.
프랑스를 상징하는 건 많이 있어.

Baguy & Panette : La baguette ! Maintenant, vous allez apprendre le français avec nous !
바게트! 　　이제 여러분은 우리와 함께 프랑스어를 배워보도록 해요!

Baguy : Mais comment on fabrique la baguette ?
그런데 바게트는 어떻게 만들지?

Panette : Pour faire une baguette, il faut :
바게트를 만들기 위해서는... 필요한 건

Baguy : De la farine.
밀가루

Panette : De l'eau.
물

Baguy : Du levain.
효모

Panette : Du sel.
소금이야.

Baguy : C'est tout !
그거면 돼!

Panette : C'est tout ?
그게 다라구?

Vocabulaire & Expressions

- Bonjour : 안녕하세요
- Je m'appelle... : 내 이름은 ...이다
- dis : v. dire(말하다)의 2인칭 단수
- symbole : n.m. 상징, 표상
- tour : n.m. 회전, 돌기 / n.f. 탑
- fromage : n.m. 치즈
- vin : n.m. 포도주
- baguette : n.f. 바게트, 막대기
- maintenant : 지금, 현재
- comment : 어떻게
- fabrique : v. fabriquer(만들다, 제조하다)의 3인칭 단수
- farine : n.f. 밀가루, 분말
- eau : n.f. 물
- levain : n.m. 효모
- sel : n.m. 소금
- tout : 모두, 모든, 아주
- Il y a... : ...가 있다

Bisou(bise) 비주

프랑스에서 가까운 사람끼리 만나거나 헤어질 때 뺨을 맞대고 하는 인사를 비주(bise, bisou)라고 합니다. 지역에 따라서는 세 번, 때로는 네 번을 하기도 합니다.

Baguy & Panette : Non !
아니야!

Baguy : Pour faire une baguette, il faut surtout un boulanger.
바게트를 만들기 위해서는 빵집 남자 주인이 꼭 있어야 하지.

Panette : Ou une boulangère.
아니면 빵집 여주인이 필요해.

Baguy : Il y a beaucoup de variétés de pain en France.
프랑스에는 정말 많은 종류의 빵이 있어.

Panette : Mais la baguette, on la trouve partout !
하지만 바게트는 어디서든 찾을 수 있지!

Baguy : Miam... C'est bon !
냠냠 ~ 맛있어!

Panette : On achète une baguette dans une boulangerie.
바게트는 빵집에서 살 수 있어.

Baguy : Dans une boulangerie, on peut aussi acheter :
빵집에서는 역시

Panette : Un croissant.
크루아쌍

Baguy : Un pain au chocolat.
뺑 오 쇼콜라

Panette : Un palmier.
팔미에

Baguy : Un chausson aux pommes.
쇼송 오 폼

Panette : Un pain aux raisins.
뺑 오 레쟁

Baguy : Une brioche.
브리오슈를 살 수 있어.

Panette : Dans une boulangerie-pâtisserie, on peut aussi acheter des gâteaux :
빵집과 제과점에서 우리는 과자도 살 수 있어.

Baguy : Un éclair.
에클레르.

Miam ... c'est bon!

Panette : Un millefeuille.
밀푀유

Baguy : Une religieuse.
를리지예즈

Panette : Une crème brûlée.
크렘 브륄레

Baguy : Une madeleine.
마들렌

Panette : Des cannelés.
카늘레

Baguy & Panette : Ou... des macarons !
또... 마카롱을 살 수 있어!

Vocabulaire & Expressions

- non : 아니오
- surtout : 특히
- boulanger(ère) : n. 빵집 주인
- on : 사람들은, 우리는
- variété : n.f. 다양성, 다채로움
- trouve : v. trouver(찾다, 발견하다)의 3인칭 단수
- achète : v. acheter(사다)의 3인칭 단수
- peut : v. pouvoir(할 수 있다)의 3인칭 단수
- croissant : n.m. 크루아쌍, 초승달
- palmier : n.m. 팔미에, 종려나무
- pomme : n.f. 사과
- raisin : n.m. 포도
- brioche : n.f. 브리오슈
- pâtisserie : n.f. 제과점
- gâteau : n.m. 과자, 케이크
- éclair : n.m. 에클레르, 번개
- millefeuille : n.m. 밀푀유
- brûlé(e) : 불에 탄, 구운, 그을린
- cannelé : n.m. 카늘레
- macaron : n.m. 마카롱
- en France : 프랑스에서 (en + 여성형 국가명)
- c'est bon ! : 맛있어요!
- pain au chocolat : 뺑 오 쇼콜라
- pain aux raisins : 뺑 오 레쟁
- dans une boulangerie : 빵집에서
  = à la boulangerie, chez le boulanger

- faire : v. ...하다
- ou : 혹은
- beaucoup de + 무관사 명사 : 많은
- il faut : 필요하다
- pain : n.m. 빵
- partout : 어디서나
- boulangerie : n.f. 빵집
- aussi : 역시
- chocolat : n.m. 초콜릿
- chausson : n.m. 파이빵, 실내화

En plus

- En + 여성형 국가명 : En France 프랑스에서 / En Corée 한국에서 / En Chine 중국에서
- Au + 남성형 국가명 : Au Japon 일본에서 / Au Canada 캐나다에서 / Au Brésil 브라질에서
- Aux + 복수형 국가명 : Aux États-Unis 미국에서 / Aux Pays-Bas 네델란드에서 /
  Aux Philippines 필리핀에서
  * 모음으로 시작하는 남성형 국가명 앞에는 au 대신 en이 쓰인다.
  : En Iran 이란에서 / En Afghanistan 아프카니스탄에서

L'article défini 정관사: le, la, les / L'article indéfini 부정관사: un, une, des

정관사(L'article défini)의 용법 중 하나는 유일한 것을 한정할 때 사용됩니다. 남성명사를 한정할 경우에는 〈le〉, 여성명사를 한정할 경우에는 〈la〉, 그리고 모음이나 무음 h(h muet)로 시작하는 명사를 한정할 경우 〈l'〉를 사용합니다. 유명한 명소들은 유일한 것이기 때문에 정관사를 사용합니다.

| 남성 | le musée du Louvre 루브르 박물관   l'Arc de triomphe 개선문 |
| 여성 | la place Vendôme 방돔 광장   l'avenue des Champs-Élysées 샹젤리제 거리 |

  * 유명명소들은 고유명사이기 때문에 대문자로 표기합니다.

불특정명사를 가리킬 때 부정관사(L'article défini)를 사용합니다. 남성 명사 앞에는 〈un〉, 여성명사 앞에는 〈une〉, 복수명사 앞에는 〈des〉를 사용합니다. 앞의 명사를 받거나 특정 명사를 가리킬 때는 정관사를 사용합니다.

· Tu veux un stylo ? 너는 펜을 원하니?   · Tu veux le stylo ? 너는 이 펜을 원하니?
· Il y a un garçon. 한 소년이 있습니다.   · C'est le frère de Paul. 폴의 형입니다.

L'article partitif 부분관사: de + 정관사

부분관사(L'article partitif)는 전체의 일부 혹은 약간의 의미를 가지는 관사로 셀 수 없는 명사나 추상명사를 한정할 때 사용됩니다. 남성형의 명사 앞에는 〈du〉, 여성형의 명사 앞에는 〈de la〉, 모음이나 무음 h(h muet) 앞에는 〈de l'〉가 사용됩니다. 1과 본문에서 사용된 밀가루나 물, 효모 등은 셀 수 없는 명사이기 때문에 부분 관사가 사용되었습니다: de la farine, de l'eau, du levain, du sel

· Je voudrais un poulet. 닭고기 주세요.(나는 닭고기를 원합니다.) - 닭고기 한 마리 (전체)
· Je voudrais du poulet. 닭고기 좀 주세요.(나는 약간의 닭고기를 원합니다.) - 약간의 닭고기
· Je voudrais de la confiture. 잼 좀 주세요.(나는 약간의 잼을 원해요.) - 정해지지 않은 양
· Je voudrais de l'amour. 나는 사랑을 원해요. - 추상명사

Futur proche 근접미래: 〈aller 동사 + 동사원형〉

근접미래(Le futur proche)는 가까운 미래를 나타내는 것으로 구조는 다음과 같습니다.
· Je vais téléphoner demain. 내일 전화할게.
· Le train va arriver. 기차는 곧 도착할 것이다.

　* 가까운 과거는 근접과거(passé récent, venir de + 동사원형)을 사용합니다.
　　· Je viens de rentrer de l'école. 나는 학교에서 막 돌아왔다.

직업명사

남성형과 여성형으로 어미변화를 하는 직업명사의 여성형은 일반적으로 남성형태에 –e를 붙이지만 어미가 –e로 끝나는 경우는 남성형태와 여성형태가 같습니다. 남성형태의 자음이 추가되어 –e를 붙여 여성형으로 변하거나 어미가 불규칙하게 변하기도 합니다. 또 몇 개의 직업명사는 남성형태만 가지는 경우도 있습니다.

– / –e	étudiant [etydiã]	–	étudiante [etydiãt]	대학생
	avocat [avoka]	–	avocate [avokat]	변호사
–e / –e	journaliste [ʒuRnalist]	–	journaliste [ʒuRnalist]	기자
	secrétaire [səkRetɛR]	–	secrétaire [səkRetɛR]	비서
–ien / –ienne	musicien [myzisjɛ̃]	–	musicienne [myzisjɛn]	음악가
	informaticien [ɛ̃fɔRmaticjɛ̃]	–	informaticienne [ɛ̃fɔRmaticjɛn]	정보처리기술자
–teur / –trice	acteur [aktœR]	–	actrice [aktRis]	배우
	animateur [animatœR]	–	animatrice [animatRis]	진행자, 사회자
–eur / –euse	chanteur [ʃãtœR]	–	chanteuse [ʃãtøz]	가수
	serveur [sɛRvœR]	–	serveuse [sɛRvøz]	종업원
–er / –ère	boulanger [bulãʒe]	–	boulangère [bulãʒɛR]	빵집주인
	charcutier [ʃaRkytie]	–	charcutière [ʃaRkytiɛR]	정육점 주인
– / –	professeur [pRɔfesœR]	–	professeur [pRɔfesœR]	교수, 선생님
	médecin [medəsɛ̃]	–	médecin [medəsɛ̃]	의사
	ingénieur [ɛ̃ʒeniœR]	–	ingénieur [ɛ̃ʒeniœR]	엔지니어

　* professeur, écrivain의 경우 남성과 여성형이 같았으나 최근에는 여성형으로 professeure, écrivaine를 함께 쓰기도 합니다.

◢ Salutations

■ Panette : Salut !
안녕!

　Baguy : Salut, ça va ?
안녕, 잘 지내?

Panette : Oui, ça va. Et toi ?
그래, 잘 지내. 너는?

　Baguy : Très bien. Merci !
아주 잘 지내. 고마워!

■ Emma : Bonjour ! Je m'appelle Emma. Et vous ?
안녕하세요! 제 이름은 엠마입니다. 당신은요?

Thomas : Moi, c'est Thomas.
저는 또마입니다.

　Emma : Enchantée !
처음 뵙겠습니다!

Thomas : Enchanté !
처음 뵙겠습니다!

■ Nicolas : C'est vous Clara ?
당신은 클라라인가요?

　Sylvie : Ah non. Moi, c'est Sylvie.
아니요, 저는 씰비입니다.

Nicolas : Moi, c'est Nicolas.
저는 니콜라입니다.

　Sylvie : Je suis très contente de vous rencontrer.
당신을 만나서 무척 좋습니다.

▪ Exprimez le goût

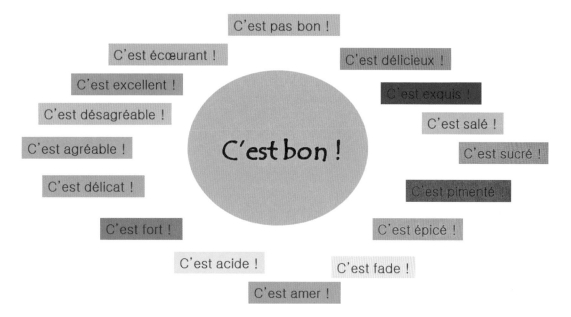

C'est pas bon !
C'est écœurant !
C'est délicieux !
C'est excellent !
C'est exquis !
C'est désagréable !
C'est salé !
C'est agréable !
C'est sucré !
C'est délicat !
C'est pimenté !
C'est fort !
C'est épicé !
C'est acide !
C'est fade !
C'est amer !

C'est bon !

▪ Exprimez la consistance

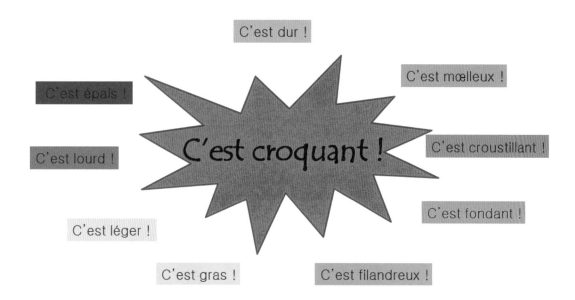

C'est dur !
C'est mœlleux !
C'est épais !
C'est croustillant !
C'est lourd !
C'est fondant !
C'est léger !
C'est gras !
C'est filandreux !

C'est croquant !

■ Les symboles de la France 프랑스 상징

프랑스하면 예술이나 포도주, 카페, TGV, 미식, 자유, 저항정신, 똘레랑스, 에펠탑 등을 떠올릴 수 있을 것입니다. 프랑스의 국가적 상징으로는 프랑스의 국기인 삼색기, 프랑스 국가인 라마르세예즈La Marseillaise, 공화정의 표어인 '자유', '평등', '박애', 제1공화정의 상징이었던 여신상인 마리안느 상, 그리스와 로마의 노예들이 자유를 얻게 되면 썼던 모자로 혁명 당시 프랑스시민들이 썼던 프리지아 모자, 프랑스 상징 동물인 수탉, 프랑스 꽃인 아이리스 꽃, 프랑스 조상인 골 족이 로마에 대항하던 시절을 배경으로 한 만화인 아스테릭스 등이 있습니다.

■ Grand Prix de la Baguette de la Ville de Paris 파리 바게트 경연대회

최근 바게트의 소비가 줄어들자 파리시청이 제과-제빵 장인협회Chambre Professionnelle des artisans boulangers-pâtissiers : CPABP와 함께 바게트 경연대회Grand Prix de la Baguette de la Ville de Paris를 열어 프랑스의 전통이자 상징인 바게트 살리기에 나서고 있습니다. 파리에서 좋은 바게트는 크기가 55-70㎝, 무게가 250-300g이어야 하는데 그 외에 냄새와 맛, 굽기 정도 등 다섯 가지의 엄격한 기준으로 심사가 이루어지고 있습니다. 2018년 수상자는 파리 18구 몽마르트르에서 '오 르벵 당탕Au Levain d'Antan'이라는 작은 빵집을 운영하고 있는 파스칼 바리옹Pascal Barillon입니다. 그해 우승 빵집은 4,000유로의 상금과 함께 대통령이 머무는 엘리제 궁에 일 년 동안 바게트를 공급하므로 광고효과는 아주 크다고 볼 수 있습니다. 프랑스의 명물인 바게트의 전통을 부흥시키겠다는 의지를 보여주고 있는 이런 모습은 많은 것을 시사해 주고 있습니다.

■ La carte de France des pains 프랑스 지방별 빵 종류

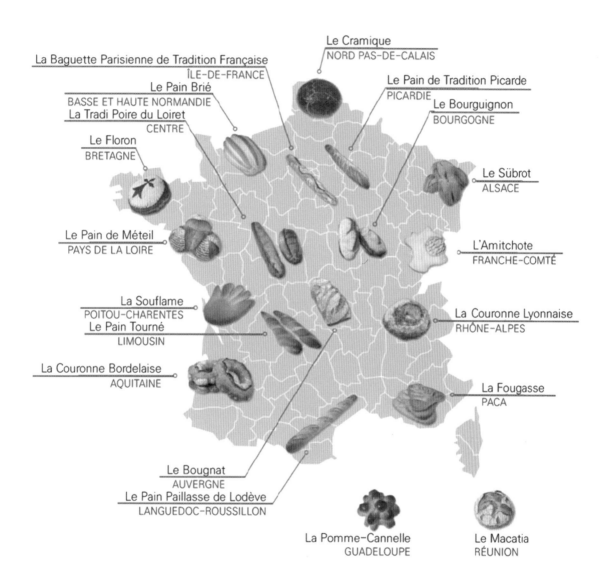

Le Cramique
NORD PAS-DE-CALAIS

La Baguette Parisienne de Tradition Française
ÎLE-DE-FRANCE

Le Pain de Tradition Picarde
PICARDIE

Le Pain Brié
BASSE ET HAUTE NORMANDIE

Le Bourguignon
BOURGOGNE

La Tradi Poire du Loiret
CENTRE

Le Floron
BRETAGNE

Le Sübrot
ALSACE

Le Pain de Méteil
PAYS DE LA LOIRE

L'Amitchote
FRANCHE-COMTÉ

La Souflame
POITOU-CHARENTES

La Couronne Lyonnaise
RHÔNE-ALPES

Le Pain Tourné
LIMOUSIN

La Couronne Bordelaise
AQUITAINE

La Fougasse
PACA

Le Bougnat
AUVERGNE

Le Pain Paillasse de Lodève
LANGUEDOC-ROUSSILLON

La Pomme-Cannelle
GUADELOUPE

Le Macatia
RÉUNION

Activités & Exercices

1. Pour faire une baguette, il faut :

☐ du sel   ☐ du vin   ☐ du levain

☐ du chocolat   ☐ de la farine   ☐ de l'eau

☐ du beurre   ☐ du lait

2. Les grandes marques de luxe de France :

☐ Hermès   ☐ Prada   ☐ Chanel

☐ Burberry   ☐ Louis Quatorze   ☐ Louis Vuitton

☐ Zadig et Voltaire   ☐ Escada

3. Mettez au féminin :

(1) Boulanger – _____   (2) Pâtissier – _____

(3) Cuisinier – _____   (4) Vendeur – _____

(5) Directeur – _____   (6) Informaticien – _____

4. Complétez avec les articles :

(1) Tu aimes _____ pain et _____ baguette ?

(2) Je prends _____ eau et _____ café.

(3) Il y a _____ fille dans le jardin. C'est _____ fille de Thomas.

(4) _____ chocolat, c'est bon pour la santé ?

5. Le guide Michelin décerne des étoiles aux restaurants de prestige. Ces étoiles sont également appelées _____ .

☐ brioches ☐ madeleines ☐ millefeuilles

☐ macarons ☐ baguettes ☐ croissants

6. Reliez :

(1) long comme un jour sans   (a) vin

(2) gagner sa   (b) farine

(3) une bouteille de   (c) croûte

(4) rouler quelqu'un dans la   (d) pain

7. Complétez :

(1)

_____ _____ _____

_____ _____ _____

(2)

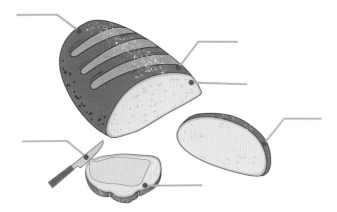

Allons ! Enfants de la Patrie ! 나아가자 조국의 아이들이여
Le jour de gloire est arrivé ! 영광의 날이 왔도다!
Contre nous de la tyrannie, 폭군에 결연히 맞서서
L'étendard sanglant est levé ! (Bis) 피 묻은 전쟁의 깃발을 올려라 (한 번 더)
Entendez-vous dans les campagnes 노호하는 병사들이 전쟁터에서
Mugir ces féroces soldats ? 울부짖는 소리가 들리는가?
Ils viennent jusque dans vos bras 그들은 너희들의 아내와 아들을 죽이기 위해
Égorger vos fils, vos compagnes. 가까이 다가오고 있다.

Aux armes, citoyens ! 무기를 잡으라, 시민들이여!
Formez vos bataillons ! 군대를 모으라!
Marchons, marchons ! 전진하자, 전진하자!
Qu'un sang impur 깨끗하지 못한 피가
Abreuve nos sillons ! 우리 밭고랑을 적시도록!

프랑스 국가(國歌) 〈라 마르세예즈〉는 1792년 4월 공병장교인 루제드 릴Rouget de Lisle이 프랑스가 오스트리아를 상대로 선전포고를 했다는 소식을 듣고 스트라스부르에서 작사, 작곡한 노래입니다. 가사는 라인 강변으로 출정하는 용사들의 심경을 그린 것으로 혁명의 긴장감이 느껴지는 행진군가에 가깝습니다. 1879년 정식국가로 채택되었고, '라 마르세예즈'라는 노래제목은 당시 파리로 모여든 의용군 중 마르세유에서 온 사람들이 이 노래를 부르면서 파리로 진군한 것에서 연유했습니다.

De toutes les couleurs

> Des goûts et des couleurs, on ne discute pas.

학습요점

- 1군 동사 -er
- C'est...
- 명령법
- 동사 être
- 형용사의 여성형

Panette : Regarde, Baguy, le Moulin Rouge !
저기 좀 봐, 바기, 물랭 루즈야!

Baguy : Le Moulin Rouge, c'est... intéressant. Mais quand je conduis,
je déteste les feux rouges !
물랭 루즈, 재미있어. 그런데 나는 운전을 할 때는 빨간불은 좋아하지 않아!

Panette : Ah bon ? Tu préfères quand le feu est vert ?
아 그래? 너는 파란불이 더 좋다는 거야?

Baguy : Oui, bien sûr. Et toi, quelle est ta couleur préférée ?
응, 물론이지. 그런데 너는 무슨 색을 가장 좋아하니?

Panette : Moi, c'est le bleu !
나는 파란색!

Baguy : Comme la carte bleue ! La carte bleue, c'est pratique.
Ou comme le Grand Bleu.
신용카드처럼! 신용카드는 편리해. 또는 그랑블루처럼.

Panette : Le Grand Bleu, c'est un film noir ?
그랑블루는 필름 누아르니?

Baguy : Mais non... Tu aimes les films noirs ?
아니... 너 필름 누아르 좋아해?

Panette : Non, mais j'aime le chocolat noir, et le café noir !
아니, 하지만 다크 초콜릿과 블랙 커피는 좋아해!

Baguy : Le chocolat noir, c'est pas bon !
다크 초콜릿은 맛없어!

· Regarde : v. regarder의 2인칭 단수 tu의 명령형 * 1군 동사는 tu에 대한 명령문에서 s를 생략합니다.
· c'est intéressant : 재있다, 흥미롭다
· conduis : v. conduire(운전하다)의 1인칭 단수
· déteste : v. détester(몹시 싫어하다)의 1인칭 단수
· feux rouges : n. 정지를 의미하는 빨간색 신호등
· Ah bon ? : 아, 그래요?
· bien sûr : 물론이지, 당연하지
· Et toi : toi는 2인칭 단수의 강세형. 그럼 너는
· quelle : a. 의문형용사 quel의 여성형. 어느, 어떤, 무슨
· couleur : n.f. 색, 색깔
· c'est pratique : 편리하다
· comme : ...처럼, ...와 마찬가지로

En plus

Grand Bleu 그랑블루

직역하면 '거대한 파란색'이나, 본문의 대화에서는 프랑스 뤽 베송(Luc Besson) 감독의 1988년 영화
제목을 가리키며 '거대한 바다'를 의미합니다.

Ah bon ? 아, 그래요?

대화에서 상대방의 말이나 문맥을 수용하는 유연한 반응을 내보일 때 사용할 수 있습니다.
· Pierre ne vient pas aujourd'hui. 피에르는 오늘 오지 않아요. · Ah bon ? 아, 그래요?

강조표현

mais(그러나, 하지만, 그런데)는 non(아니요)과 oui(네) 앞에 쓰여 강조의 의미를 가집니다.
· Mais non ! 아니요! / Mais oui ! 네, 그래요! / Mais si ! 아니요!
  (부정의 물음에 대한 긍정의 대답)
· Tu ne viens pas ? 너는 안 올 거야? · Mais si ! (je viens) 아니! (올 거야)

Film noir 필름 누아르

noir는 '검은', '어두운', '우울한' 등을 의미. 주로 범죄와 폭력 세계를 다루어 어둡고 냉소적이며 비관적인
분위기의 영화를 말합니다.

Panette : Mais si ! Et en plus, c'est bon pour la santé.
아냐 맛있어! 게다가 건강에 좋지.

Baguy : Moi, je préfère le chocolat blanc !
나는 화이트 초콜릿이 더 좋아!

Panette : Et le mont-blanc, tu aimes ?
그럼 몽블랑은, 좋아하니?

Baguy : Le dessert ? Oui, c'est délicieux ! Dedans, il y a des marrons.
디저트 말야? 그럼, 정말 맛있어. 안에는 밤이 들어있어.

Panette : Et le mont Blanc, c'est haut !
몽블랑은, 높은 산이야!

Baguy : Et les stylos Montblanc, c'est cher...
몽블랑 만년필은, 가격이 비싸지...

Panette : Baguy, tu roules trop vite ! Regarde, la police !
바기야, 너 차를 너무 빨리 몰고 있어! 저기 좀 봐. 경찰이다!

(coups de sifflet 호루라기 부는 소리)

Le policier : Votre carte grise, s'il vous plaît ! Bon, ça ira cette fois, mais faites attention,
il y a une manifestation de gilets jaunes.
자동차 등록증 좀 보여주세요! 좋아요, 이번에는 괜찮겠지만, 조심하세요.
노란조끼의 시위가 벌어지고 있습니다.

Baguy & Panette : Les gilets jaunes ? Mais c'est fini !
노란조끼요? 끝났잖아요!

Le policier : Non, c'est pas fini...
아니요, 안 끝났어요...

En plus

La couleur 색깔

- rouge – rouge 빨간
- orange – orange 주황의
- bleu   – bleue 푸른
- gris   – grise 회색의
  blanc – blanche 흰색의
- mauve – mauve 엷은 보라색의

- violet – violette 보라색의
- vert   – verte 초록의
- noir   – noire 검은
  jaune   – jaune 노란
- rose   – rose 분홍색의
- marron – marron 밤색의

* marron / crème / orange / noisette 등은 불변하는 형용사
* 색깔 형용사는 성수 일치를 하지만 형용사가 수식을 받는 경우 불변합니다.
jupe verte 초록색 스커트 / jupe vert foncé (clair) 진(연)초록색 스커트

- santé : n.f. 건강
- préfère : v. préférer(더 좋아하다)의 1인칭 단수
- aimes : v. aimer(좋아하다)의 2인칭 단수
- délicieux(se) : a. 맛있는
- cher(ère) : a. 값비싼
- police : n.f. 경찰
- coups de sifflet : n.m. 호루라기 부는 소리
- carte grise : 자동차 등록증
- s'il vous plaît : 부디, 제발의 의미이나 보통 남에게 무엇을 부탁하거나 요구할 때 사용
- Bon : (구어에서 결론이나 화제의 전환을 나타내어) 좋아, 됐어
- ça : cela의 구어 표현
- ira : v. aller(가다)의 3인칭 단수 미래
- cette fois : 이번에는
- attention : n.f. 주의, 조심
- gilets jaunes : 노란조끼
- fini(e) : a. 끝난

- haut(e) : a. 높은
- trop : ad. 너무, 몹시, 무척
- roules : v. rouler(차를 몰다)의 2인칭 단수

- faites : v. faire(하다)의 2인칭 복수 명령형
- manifestation : n.f. 시위
- Mais : 그러나, 하지만

■ C'est…

Ce는 지시대명사입니다. C'est는 프랑스인들이 일상적으로 사람이나 사물을 가리켜 소개할 때 자주 사용하는 구문입니다.

1) C'est + 형용사
   C'est 구문 뒤에 형용사가 오는 경우 항상 남성형 단수 형용사를 사용합니다.
   - C'est cher ! 비싸요! / C'est chère ! (x)
   - C'est délicieux ! 맛있어요! / C'est délicieuse ! (x)
   - C'est intéressant ! 재미있어요! / C'est intéressante ! (x) · C'est pratique ! 편리해요!
   * pratique은 여성형과 남성형이 동일합니다.
2) C'est + 사람 이름이나 보통명사
   - C'est / Ce sont은 우리말의 이것 / 저것 / 그것(사람)(들)을 가리킵니다.
   - C'est Pierre. 피에르입니다. / C'est un crayon. 이것은 연필입니다.
   - Qui est-ce ? 저 사람(들)은 누구죠?
   - C'est un ami. 친구예요. / · Ce sont des amis. 친구들이에요.
3) C'est + 강세형 인칭대명사
   주어를 강조하기 위해 사용되는 강세형 인칭대명사가 C'est와 함께 쓰입니다.
   - Qui est à l'appareil ? (전화에서) 누구세요? · C'est moi, Paul. 저예요, 폴이에요.
   - Qui est Lucie ? 뤼시는 누구죠? · C'est elle. 저 여자입니다.

1군 동사: -er

어미가 -er로 끝나는 동사로, 앞에 오는 인칭대명사에 따라서 어미가 규칙적으로 변화합니다.
  * préférer의 경우 1군 동사라 하더라도 철자기호의 변화에 주의해야 합니다.

AIMER		PRÉFÉRER	
J'aime	Nous aimons	Je préfère	Nous préférons
Tu aimes	Vous aimez	Tu préfères	Vous préférez
Il / Elle / On aime	Ils / Elles aiment	Il / Elle / On préfère	Ils / Elles préfèrent

동사 être

Être는 '~이다, 존재하다'의 뜻으로 〈주어 + être + 형용사〉 구조와 관용구 〈C'est...〉에서 많이 쓰입니다.

ÊTRE	
Je suis	Nous sommes
Tu es	Vous êtes
Il / Elle / On est	Ils / Elles sont

형용사의 여성형

일반적으로 형용사의 여성형은 남성형에 -e를 덧붙인 형태입니다. 그러나 -e로 끝난 형용사는 남성형과 여성형이 동일하고, -en와 -on로 끝난 형용사는 끝자음을 반복하고 -e를 붙이는 불규칙한 형태도 있습니다. 여성형으로 어미 변화를 하는 경우 발음에도 변화가 있습니다.

- / -e	joli [ʒoli] – jolie [ʒoli] 예쁜　　　　　/　petit [pəti] – petite [pətit] 작은 grand [gʀɑ̃] – grande [gʀɑ̃d] 큰
-e / -e	triste [tʀist] – triste [tʀist] 슬픈　　　/　moche [mɔʃ] – moche [mɔʃ] 못생긴 jeune [ʒœn] – jeune [ʒœn] 젊은
-eau / -elle	beau [bo] – belle [bɛl] 아름다운　　　/　nouveau [nuvo] – nouvelle [nuvɛl] 새로운
-en / -enne	ancien [ɑ̃siɛ̃] – ancienne [ɑ̃siɛn] 고대의, 예부터의 moyen [mwajɛ̃] – moyenne [mwajɛn] 중간의
-er / -ère	cher [ʃɛʀ] – chère [ʃɛʀ] 비싼　　　/　dernier [dɛʀnje] – dernière [dɛʀnjɛʀ] 마지막의
-f / -ve	neuf [nœf] – neuve [nœv] 새로운　/　sportif [spɔʀtif] – sportive [spɔʀtiv] 운동의
-x / -se	heureux [œʀø] – heureuse [œʀøz] 행복한 joyeux [ʒwajø] – joyeuse [ʒwajøz] 즐거운, 기쁜

Impératif 명령법

명령법은 직설법 현재의 평서문에서 주어를 생략한 형태를 가지며 tu, nous, vous에서만 사용합니다.

(1) 1군 동사는 tu에 대한 명령문에서 s를 생략합니다.

REGARDER		
Tu regardes	⇒	Regarde ! 봐라!
Nous regardons	⇒	Regardons ! 보자!
Vous regardez	⇒	Regardez ! 보세요!

(2) 2군, 3군 동사는 3가지 인칭에 대한 동사변화를 그대로 씁니다.

FINIR			PARTIR		
Tu finis	⇒	Finis ! 끝내라!	Tu pars	⇒	Pars ! 떠나라!
Nous finissons	⇒	Finissons ! 끝내자!	Nous partons	⇒	Partons ! 떠나자!
Vous finissez	⇒	Finissez ! 끝내세요!	Vous partez	⇒	Partez ! 떠나세요!

(3) aller 가다, ouvrir 열다, offrir 주다 동사의 경우 tu에서 s를 생략합니다.

ALLER, OUVRIR, OFFRIR		
Tu vas à l'école	⇒	Va à l'école ! 학교에 가라!
Tu ouvres la fenêtre	⇒	Ouvre la fenêtre ! 창문을 열어라!
Tu offres des bonbons	⇒	Offre des bonbons ! 사탕을 줘라!

* 대명사 y나 en 앞에서는 s가 다시 사용되는 것에 유의합시다.
  · Vas-y ! 거기에 가라! / Donnes-en ! 그것들을 줘라!

(4) être ...이다, avoir 가지다, savoir 알다 동사의 명령법 형태

être	Sois prudent ! / Soyons prudents ! / Soyez prudents ! 신중해라! / 신중합시다! / 신중하세요!
avoir	Aie / Ayons / Ayez du courage ! 용기를 가져라! / 용기를 가집시다! / 용기를 가지세요!
savoir	Sache / Sachons / Sachez la vérité ! 진실을 알아라! / 진실을 압시다! / 진실을 아세요!

(5) 대명동사의 명령형

SE LEVER		
Tu te lèves	⇒	Lève-toi ! 일어나라!
Nous nous levons	⇒	Levons-nous ! 일어나자!
Vous vous levez	⇒	Levez-vous ! 일어나세요!

■ Panette : Un stylo Montblanc, c'est cher !
몽블랑 펜은 비싸!

Baguy : Et le gâteau mont-blanc, c'est délicieux !
몽블랑 케이크는 맛있어!

■ Panette : Le chocolat noir, c'est pas bon ?
C'est bon pour la santé !
다크 초콜릿이 맛이 없다고요?
건강에 좋아요!

■ Baguy : Les gilets jaunes, c'est fini ?
노란조끼 시위는 끝났나요?

Le Policier : Non, c'est pas fini !
아니오, 안 끝났어요!

- La carte bleue, c'est pratique ! 신용카드는 편리하다!
- Le Grand Bleu, c'est magnifique ! (영화) 그랑블루는 멋지다!
- La lavande, c'est violet et ça sent bon ! 라벤더는 보라색이며 향기가 좋다!
- Les feux tricolores 신호등   Rouge, on s'arrête ! 빨간불, 멈추시오!
                                    Orange, on ralentit ! 노란불, 속도를 늦추시오!
                                    Vert, on passe ! 파란불, 가시오!
* vert는 '녹색의', '초록빛의'를 의미하지만, 교통신호등을 가리키는 경우 feu vert는 신호등의 파란불을 의미.
* jaune는 '노란'을 의미하지만, 교통신호등을 가리키는 경우 feu orange가 신호등의 노란불을 의미.

- Le drapeau tricolore : bleu, blanc, rouge ! 삼색기는 푸른색, 흰색, 빨간색!
- La carte grise, c'est nécessaire ! 자동차 등록증은 필요하다!
- Le vin rouge, le vin blanc, le vin rosé, c'est bon ! 적포도주, 백포도주, 로제 와인은 맛있다!
- Les marrons, c'est chaud ! 군밤은 따뜻하다!
- La vie en rose, c'est romantique ! 장밋빛 인생은 낭만적이다!

⟨blanc⟩ 흰, 백색의

- Donner carte blanche : donner toutes les autorisations pour faire quelque chose
  ...에게 백지위임하다, 모든 것을 맡기다.
- Être blanc comme neige : être innocent 순진하다.
- Être blanc comme un linge : être très pâle 얼굴이 아주 창백하다.
- Un mariage blanc 정략결혼, 위장결혼
- Un col blanc : un employé de bureau 화이트칼라

⟨bleu⟩ 파란, 푸른

- Avoir un bleu : avoir un hématome 피멍이 들다.
- Avoir une peur bleue : avoir une très grande peur 간이 콩알만 해지다.
- Être un cordon-bleu : être un bon cuisinier 음식 솜씨가 좋다.

⟨gris⟩ 회색의

- Carte grise 자동차 등록증

⟨jaune⟩ 노란

- Rire jaune : se forcer à rire 쓴웃음을 짓다.

⟨noir⟩ 검은

- Broyer du noir : penser à des choses négatives 비관하다.
- L'or noir : le pétrole 석유
- Marché noir 어느 정도 합법적인 암시장(경제용어)
- Travailler au noir : travailler sans payer d'impôts 불법으로 일하다.

⟨rose⟩ 장밋빛의

- Voir la vie en rose : voir la vie de manière optimiste 낙관하다.

⟨rouge⟩ 빨간색의

- Du gros rouge : du vin rouge de basse qualité 질이 좋지 않은 / 싸구려 적포도주
- Être rouge comme une tomate : avoir le visage très rouge
  부끄러움이나 수줍음으로 얼굴이 새빨갛다.
- Voir rouge : être en colère 화가 나 있다.

⟨vert⟩ 녹색의

Avoir la main verte

- Avoir la main verte : être un très bon jardinier / être doué pour
  le jardinage 화초를 기르는 데 재능이 있다.
- Donner le feu vert (à quelqu'un) : autoriser quelqu'un à faire
  quelque chose ...에게 ...을 하도록 허락하다.
- Être vert de rage : être très en colère 몹시 화를 내다.
- Se mettre au vert : aller vivre à la campagne 시골에 내려가 살다.

Ici
tout est bon !

La tour Eiffel 에펠탑, 프랑스 과학기술의 상징

프랑스 파리를 대표하는 상징은 많지만 그 가운데 에펠탑이
가장 유명합니다. 원래 에펠탑은 1889년 프랑스 대혁명
100주년을 기념하는 파리 만국 박람회에 맞춰 프랑스의 선
진 과학기술을 온 세계에 자랑하기 위해 세운 철탑이었습니
다. 하지만 준공 당시 이 탑은 검고 칙칙해서 보기 싫은 건축
물이라는 비난과 조롱이 거셌습니다. 에펠탑이 진정 파리의
상징으로 부상하게 된 것은 1960년대 이후 관광 산업이 발
달하면서부터라고 하죠! 이제 사람들은 파리에 가면 샹드마
르스 광장에 우뚝 자리잡고 서 있는 에펠탑에 반드시 올라갑
니다. 21세기의 에펠탑은 오늘날 전 세계의 관광객이 가장
즐겨 찾는 파리의 명소이자 최고의 구경거리입니다.

Gilets jaunes 질레 존, Foulards rouges 풀라르 루즈

질레 존gilets jaunes, 즉 '노란조끼'로 불리는 이 운동은 2018년 11월 마크롱Macron 프랑스 대통령의
유류세 인상 발표에 반대하면서 시작되어 점차 반정부 시위로 확산된 시위를 말합니다. 시위대의 상징
이 된 노란조끼는 운전자가 사고에 대비해서 차에 의무적으로 비치하는 형광 노란색 조끼를 집회 참가
자들이 입고 나온 것에서 붙여진 명칭입니다.

〈질레 존〉

〈노란조끼의 시위에 맞서 '나는 빨간 스카프다'라는 구호〉

■ La Francophonie 프랑코포니

프랑코포니는 프랑스어를 사용하는 지역을 가리키는 말로 이 용어는 1880년 처음으로 사용되었다고 합니다. 프랑스를 비롯하여 '해가 지는 지역là où le soleil se couche'이라는 의미를 가진 모로코, 알제리, 튀니지와 같은 마그레브Maghreb 지역 그리고 캐나다의 퀘벡 주 등은 모국어 및 공식어, 혹은 교육 언어로 프랑스어를 사용합니다. 1970년 창설된 프랑스어권 국제기구Organisation Internationale de la Francophonie : OIF는 프랑스어권 국가들 간 프랑스어 증진 및 문화·언어다양성 촉진, 평화·민주주의·인권 수호, 교육·연수·고등교육·연구 지원, 지속가능한 개발협력 및 경제발전 장려 등의 임무를 수행하고 있습니다. 회원국 54개국, 준 회원국 7개국, 옵서버 27개국 모두 88개국이 참여하고 있으며 정상회담은 2년마다 개최됩니다. 2016년에는 한국이 프랑스어권 국제기구OIF 옵서버 회원이 되었습니다. 매년 3월 20일에는 프랑코포니의 날Journée internationale de la Francophonie 행사가 행해지며, 프랑스어 보급과 프랑스어권 진흥을 위해 노력하고 있습니다.

Activités & Exercices

1. Écrivez la forme qui convient.

(1) Le temps est (agréable ⇒ _____).

(2) La nourriture est (bon ⇒ _____).

(3) Le gâteau est trop (cuit ⇒ _____).

(4) Le ciel est (bleu ⇒ _____).

(5) Le jus d'orange est (glacé ⇒ _____).

(6) La cuisson est (parfait ⇒ _____).

(7) Le pays est (magnifique ⇒ _____).

(8) La photo est (net ⇒ _____).

(9) La température est (frais ⇒ _____).

(10) Le stylo est (nouveau ⇒ _____).

2. Choisissez la forme qui convient.

Je dessine...

(1) une robe (gris - grise).

(2) une fille (blond - blonde).

(3) un chemin (étroit - étroite).

(4) un arbre très (grand - grande).

(5) un pantalon (noir - noire).

(6) une jupe (long - longue).

(7) un homme (âgé - âgée).

(8) une salade (vert - verte).

(9) une femme (brun - brune).

(10) une chemise (blanc - blanche).

3. Conjuguez à l'impératif.

(1) Tu ouvres la fenêtre. ⇒ _____ la fenêtre !

(2) Tu fais ton lit. ⇒ _____ ton lit !

(3) Tu vides la poubelle. ⇒ _____ la poubelle !

(4) Tu passes l'aspirateur. ⇒ _____ l'aspirateur !

(5) Tu ne jettes rien par terre. ⇒ _____ par terre !

(6) Tu n'as pas peur. ⇒ _____ peur !

(7) Tu réserves ta place. ⇒ _____ ta place !

(8) Tu chantes une chanson. ⇒ _____ une chanson !

(9) Tu montes les escaliers ⇒ _____ les escaliers !

(10) Tu te lèves. ⇒ _____ !

4. Devinettes.

(1) Qu'est-ce qui est petit, rond et vert, qui monte et qui descend ?

_____

(2) Je suis parfois noire mais je peux être blanche. Qui suis-je ?

_____

(3) Je suis un fruit, mais je suis aussi une couleur. Qui suis-je ?

_____

(4) Je suis une fleur, mais je suis aussi une couleur. Qui suis-je ?

_____

(5) Ici, je suis noire, là je suis rouge, et pourtant je suis toujours bleue. Qui suis-je ?

_____

5. Remplissez la grille.

(1) Comme une tomate bien mûre :

(2) Le Grand Bleu n'est pas un film... :

(3) C'est la couleur de la neige :

(4) Comme un citron :

(5) La nuit, tous les chats sont... :

(6) C'est la couleur d'un ciel sans nuage :

(7) C'est une couleur, et c'est aussi un fruit :

orange

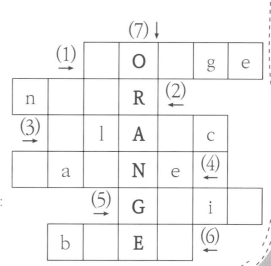

Joyeux anniversaire,

Joyeux anniversaire,

Joyeux anniversaire, Baguy

Joyeux anniversaire

Joyeux anniversaire !

Le tour de France de Baguy et Panette

> L'appétit vient en mangeant.

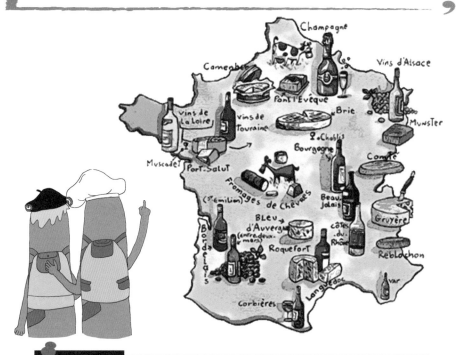

- 💡 동사 avoir, aller
- 💡 Si로 시작하는 조건절 표현 (1)
- 💡 단순미래
- 💡 on
- 💡 반과거

Panette : Baguy, j'ai envie de manger de la quiche lorraine.
바기야, 나 끼쉬 로렌이 먹고 싶어.

Baguy : Alors allons en Lorraine !
그럼, 로렌에 가 보자!

Panette : Bonne idée ! J'ai envie de voyager !
좋은 생각이다! 여행을 가고 싶어.

Baguy : Oui, faisons un tour de France ! Et pour célébrer notre voyage, allons d'abord à Reims pour boire du champagne !
그래, 프랑스 여행을 해보자. 그리고 우리의 여행을 기념하기 위해, 우선 랭스에 가서 샹페인을 마시자!

Panette : Après la Lorraine, nous irons à Strasbourg.
로렌 다음에는 스트라스부르그에 가자.

Baguy : À Strasbourg, on prendra de la choucroute.
스트라스부르그에서 슈크루트를 먹자.

Panette : Avec un verre de riesling.
리슬링 한 잔과 함께.

Baguy : Le riesling, c'est un vin rouge ?
리슬링은 적포도주야?

Panette : Mais non, c'est un vin blanc !
아니, 백포도주야!

Baguy : Après Strasbourg, allons en Bourgogne.
스트라스부르 그 다음에는 부르고뉴에 가자.

Panette : En Bourgogne, on commandera des escargots et du bœuf bourguignon.
부르고뉴에서 에스카르고 요리와 뵈프 부르기뇽을 주문하자.

Baguy : Et du coq au vin !
코코뱅도!

Panette : Mmm... le vin de Bourgogne !
음... 부르고뉴의 포도주!

Baguy : Puis on ira en Savoie ! Et en Savoie, on mangera une fondue.
그리고 나서는 사부아에 가자! 사부아에서는 퐁뒤를 먹자.

Panette : Après, on ira à Nice et on prendra une salade niçoise.
그 다음 니스에 가서 니스식 샐러드를 먹자.

Baguy : En Provence, on mangera de la ratatouille.
프로방스에서는 라따뚜이를 먹자.

Panette : À Marseille, on commandera une bouillabaisse.
마르세유에서는 부이야베스를 주문하자.

Baguy : Puis on ira à Toulouse !
그러고 나서는 툴루즈에 가자!

Panette : Pour manger du cassoulet !
카술레를 먹으러!

- ai : v. avoir(가지다)의 1인칭 단수
- manger : v. 먹다
- allons : v. aller(가다)의 1인칭 복수 명령형
- faisons : v. faire의 1인칭 복수 명령형
- célébrer : v. 축하하다, 기념하다
- boire : v. 마시다
- irons : v. aller 동사의 1인칭 복수 미래
- prendra : v. prendre의 3인칭 단수 미래
- choucroute : n.f. (음식) 슈크루트(양배추 절임)
- verre : n.m. 유리잔
- vin rouge : 적포도주
- vin blanc : 백포도주
- commandera : v. commander의 3인칭 단수 미래
- escargot(s) : n.m. 달팽이
- bœuf bourguignon : (음식) 뵈프 부르기뇽
- coq au vin : (음식) 코코뱅
- ira : v. aller의 3인칭 단수 미래
- niçois(e) : a. 니스의
- salade niçoise : 니스식 샐러드
- ratatouille : n.f. (음식) 라따뚜이
- bouillabaisse : n.f. (음식) 부이야베스
- cassoulet : n.m. (음식) 카술레

- envie : n.f. 욕구, 욕망, 갈망
- quiche lorraine : (요리) 끼쉬 로렌
- Bonne idée ! : 좋은 아이디어이다!
- tour : n.m. 한 바퀴 돌기, 일주
- d'abord : 우선, 먼저
- Après : 후에, 나중에
- on : 사람들은, 우리들은, 우리는

Si로 시작하는 조건절 표현 (1)

⟨Si on + 반과거?⟩ ~ 하면 어떨까요?

상대에게 '~ 해'라고 직설적으로 말하는 것은 일방적인 대화방식이어서 상대로 하여금 반감을 갖게 할 수 있습니다. 상대에게 명령으로 강제하는 것이 아니라 '~ 하면 어떨까요?'라고 말하면 자신의 의견이나 바람을 우회적으로 표현하게 되므로 제안으로 들리게 되어 상대의 마음을 움직여 대화 상황을 유리하게 이끌어갈 수 있습니다. Si (~ 하면)로 시작하는 조건절 표현 ⟨Si on + 반과거?⟩는 상대에게 부드럽게 제안을 할 때 사용할 수 있습니다.

- Si on passait par l'Auvergne pour goûter le roquefort ?
  로크포르 맛보러 오베르뉴에 들르면 어떨까요?
- Si on allait au cinéma ce soir ? .
  오늘 저녁 영화관에 가면 어떨까요?

Baguy : Et dans le Périgord, on achètera du foie gras.
페리고르에서 푸아그라를 사자.

Panette : Si on passait par l'Auvergne pour goûter le roquefort ?
로크포르를 맛보러 오베르뉴에 들르면 어떨까?

Baguy : Le roquefort, c'est fort !
로크포르는 (향이) 너무 강해!

Panette : Mais c'est bon !
하지만 맛있어!

Baguy : Après, on pourrait aller déguster du vin à Bordeaux.
그리고 나서 포도주를 맛보러 보르도에 갈 수 있을 거야.

Panette : D'accord. Puis on ira en Bretagne pour manger des crêpes.
좋아. 그리고 나서는 크레프 먹으러 브르타뉴에 갈 거야.

Baguy : Les crêpes, c'est meilleur avec du cidre !
크레프는 시드르와 함께 먹어야 제 맛이지!

Panette : De là, on pourrait aller en Normandie.
거기에서 노르망디에 갈 수 있을 거야.

Baguy : Chouette ! J'aime bien le camembert !
멋지다! 나는 카망베르를 정말 좋아해!

Panette : Puis on ira dans le nord. Moi, j'adore les moules-frites.
그리고 나서는 북쪽으로 갈 거야. 나는 물프리트를 무척 좋아해.

Baguy : Moi aussi ! Et après ?
나도 그래! 그리고 나서는?

Panette : Et après... on rentrera à Paris.
그리고 나서는... 파리로 돌아오는 거지.

Baguy : Et à Paris, on retrouvera les croque-monsieur...
파리에서 크로크무슈를 다시 맛볼 수 있겠지.

Panette : Les croque-madame...
크로크마담도...

Baguy : Le steak-frites...
감자튀김을 곁들인 스테이크 요리도...

Panette : Et le couscous !
쿠스쿠스도!

Baguy : Tu vois, Panette, dans chaque région, il y a une spécialité.
거봐, 빠네뜨, 지역마다 특별한 음식이 있어.

Panette : Tu as raison, Baguy. Mais il y a une chose qu'on trouve partout en France.
바기 네 말이 옳아. 그런데 우리가 프랑스 모든 지역에서 볼 수 있는 것이 하나 있어.

Baguy : Qu'est-ce que c'est ?
그게 뭔데?

Panette : La baguette, bien sûr !
당연히 바게트지!

Vocabulaire & Expressions

· Périgord : 페리고르(프랑스 남서부의 유명한 미식지방)
· achètera : v. acheter(사다)의 3인칭 단수 미래
· fois gras : (음식) 푸아그라
· passait : v. passer(들르다, 지나가다)의 반과거 3인칭 단수
· goûter : v. 맛보다, 즐기다
· roquefort : n.m. 로크포르(남프랑스 지방의 양젖으로 만든 치즈)
· fort(e) : a. (맛, 냄새 등이) 강한 · Mais c'est bon ! : 하지만 맛있다!
· pourrait : v. pouvoir의 조건법 3인칭 단수 · déguster : v. 맛보다, 시음하다
· de là : 거기에서 · manger : v. 먹다
· crêpe : n.f. (음식) 크레프 · cidre : n.m. 시드르, 사과주
· Chouette ! : 멋지다, 근사하다!
· camembert : n.m. 카망베르(노르망디(産) 치즈)
· moules-frites : (음식) 물프리트(감자튀김을 곁들인 홍합요리)
· Moi aussi ! : 나도 마찬가지야!
· Et après ? : 그 다음에는?
· rentrera : v. rentrer(집에 돌아오다)의 3인칭 단수 미래
· retrouvera : v. retrouver(다시 찾아내다)의 3인칭 단수 미래
　　　　　　(여기서는 크로크무슈를 맛보거나 먹어볼 시간, 기회를 다시 갖게 되다)
· croque-monsieur : n.m. (음식) 크로크무슈
· croque-madame : n.m. (음식) 크로크마담
· couscous : n.m. (음식) 쿠스쿠스
· chaque : ...마다, 매
· région : n.f. 지방
· il y a : ...가(이) 있다
· spécialité : n.f. 대표 음식, 특별요리
· as raison : avoir raison(옳다)의 2인칭 단수
· trouve : v. trouver(발견하다, 찾아내다)의 3인칭 단수
· partout : 사방에, 도처에, 어디든지

En plus

Tu vois 거봐, 그것 봐.

Tu vois는 일종의 삽입구로 단독으로 사용될 수 있고 상대의 관심을 유도하기 위해 말을 시작할 때 또는 말을 마칠 때 사용됩니다.
· Tu vois, il pleut ! 거봐, 비 오잖니!

동사 avoir, aller 현재형

동사 avoir는 인칭에 따라서 불규칙적으로 변하는 3군 동사로 여러 표현에 사용됩니다.

AVOIR	
J'ai	Nous avons
Tu as	Vous avez
Il / Elle / On a	Ils / Elles ont

avoir faim 배고프다 / avoir soif 목마르다
avoir sommeil 졸리다
avoir raison 옳다 / avoir tort 틀리다
avoir chaud 덥다 / avoir froid 춥다

· J'ai deux chats. 나는 두 마리의 고양이를 가지고 있다.
· Elle a 20 ans. 그녀는 20살이다.
· Tu as faim ? 너 배고프니?　　Non, j'ai soif. 아니, 나 목말라.

동사 aller는 불규칙적으로 변하는 3군 동사입니다. 동사 aller는 뒤에 전치사 à나 en과 함께 도시명이나 국가명 등이 와서 〈 ...로 가다〉의 의미를 가집니다.

ALLER	
Je vais	Nous allons
Tu vas	Vous allez
Il / Elle / On va	Ils / Elles vont

(1) aller à + 도시명 / au + 남성형 국가명 / aux + 복수형 국가명 / aller en + 여성형 국가명이나 모음으로 시작하는 국가명
　· Je vais à Paris / à Séoul. 나는 파리로 / 서울로 간다.
　· Tu vas au Japon / au Mexique. 너는 일본으로 / 멕시코로 간다.
　· Il va aux États-Unis / aux Pays-Bas. 그는 미국으로 / 네덜란드로 간다.
　· Elle va en France / en Corée. 그녀는 프랑스로 / 한국으로 간다.

(2) aller à la + 장소명사 여성형
　· Je vais à la gare / à la bibliothèque. 나는 역으로 / 도서관에 간다.

(3) aller à l' + 모음이나 무음 h로 시작하는 장소명사
　· Je vais à l'université / à l'hôpital. 나는 병원에 / 대학에 간다.

(4) aller au + 장소명사 남성형
　· Je vais au cinéma / au musée. 나는 영화관에 / 박물관에 간다.

on 우리들은, 우리는, 사람들은

항상 주어로 쓰이는 단수의 중성대명사이며 on 뒤에 오는 동사는 3인칭 단수로 동사 변화합니다. '사람들'을 의미하며 상황에 따라서 '우리(들)은, 누군가' 등으로 쓰입니다.

· On ne doit pas fumer ici. 이곳에서 담배 피면 안 된다.
· On mange ensemble ? 우리 같이 밥 먹을까요?
· On a frappé à la porte. 누가 노크했다.

Futur simple 단순미래

1. 형태

(1) 단순미래는 대부분의 경우 동사의 원형(inf)이나 변형을 어간으로 하고 인칭별로 어미 -ai, -as, -a, -ons, -ez, -ont를 붙여서 만듭니다.

FINIR ⇒ FINIR-	ACHETER ⇒ ACHÈTE-	PRENDRE ⇒ PRENDR-
Je finirai	J'achèterai	Je prendrai
Tu finiras	Tu achèteras	Tu prendras
Il / Elle / On finira	Il / Elle / On achètera	Il / Elle / On prendra
Nous finirons	Nous achèterons	Nous prendrons
Vous finirez	Vous achèterez	Vous prendrez
Ils / Elles finiront	Ils / Elles achèteront	Ils / Elles prendront

(2) 단순미래는 동사의 원형을 미래어간으로 사용하지 않는 동사들이 있습니다.

ÊTRE ⇒ SER-	AVOIR ⇒ AUR-
Je serai	J'aurai
Tu seras	Tu auras
Il / Elle / On sera	Il / Elle / On aura
Nous serons	Nous aurons
Vous serez	Vous aurez
Ils / Elles seront	Ils / Elles auront

2. 용법

(1) 가까운 미래에 또는 먼 미래에 일어날 일을 묘사할 때 사용됩니다.
· Après la Lorraine, nous irons à Strasbourg. 로렌 다음에는 스트라스부르에 갈 겁니다.

(2) 명령문 대신에 사용되기도 하는데, 이 경우 명령의 어감이 완화됩니다.
· Vous fermerez la fenêtre, s'il vous plaît. 창문 좀 닫아주세요.

Imparfait 반과거

1. 형태

반과거는 1인칭 복수 nous의 변화에서 어미 -ons를 없앤 부분이 어간이고, 여기에 어미 -ais, -ais, -ait, -ions, -iez, -aient를 붙여서 만듭니다. (단, être의 반과거 어간은 ét-)

AVOIR (Nous **av**ons ⇒ av-)	ÊTRE (ét-)	FAIRE (Nous **fais**ons ⇒ fais-)
J'avais	J'étais	Je faisais
Tu avais	Tu étais	Tu faisais
Il / Elle / On avait	Il / Elle / On était	Il / Elle / On faisait
Nous avions	Nous étions	Nous faisions
Vous aviez	Vous étiez	Vous faisiez
Ils / Elles avaient	Ils / Elles étaient	Ils / Elles faisaient

2. 용법

(1) 과거의 상황, 상태 등을 묘사할 때 사용됩니다.

· Quand j'étais petit, il n'y avait pas d'ordinateur. 내가 어렸을 적에, 컴퓨터는 없었습니다.

(2) 과거의 습관을 표현합니다.

· Chaque soir après le dîner, je me promenais.
매일 밤 저녁 식사 후에, 나는 산책을 하곤 했습니다.

(3) 복합과거와 함께 쓰여 과거에 계속된 사건을 표현합니다.

· Quand nous sommes sortis du cinéma, il pleuvait.
우리가 극장에서 나왔을 때, 비가 오고 있었습니다.

■ Panette : Tu veux boire quelque chose ?
　　　　　뭐 마실래?

Baguy : Je voudrais du cidre, s'il te plaît.
　　　　시드르 마시고 싶어.

■ Panette : Et toi, qu'est-ce gue tu prends pour l'apéro ?
　　　　　Du rouge, du blanc, ou autre chose ?
　　　　　너 아페리티프로 뭐 마실래? 적포도주, 백포도주, 아니면 다른 거?

Baguy : Du rouge, merci.
　　　　적포도주, 고마워.

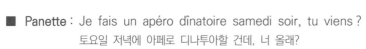

■ Panette : Je fais un apéro dînatoire samedi soir, tu viens ?
　　　　　토요일 저녁에 아페로 디나투아할 건데, 너 올래?

Baguy : Avec plaisir ! Qu'est-ce qu'on amène ?
　　　　기꺼이! 뭐 가져갈까?

Panette : Une bouteille de vin, ce sera parfait !
　　　　　포도주 한 병 가져오면 좋지!

Apéro dînatoire 아페로 디나투아

아페로(Apéro)는 아페리티프(apéritif)를 줄여 만든 단어로, 프랑스인들의 일상 대화에서 자주 들어볼 수 있는 말입니다. 아페로 디나투아는 손님을 저녁에 집으로 초대하지만, 본격 식사는 아니고 술과 함께 안주로 삼을만한 여러 스낵을 가볍게 내는 '가벼운 식사 겸 한잔'을 의미합니다.

Francophonie 프랑코포니

프랑코포니, 즉 프랑스어권 국가 벨기에에서는 프랑스어 petit-déjeuner, 아침식사는 déjeuner, déjeuner, 점심식사는 dîner, dîner, 저녁식사는 souper라고 합니다.
· À midi, on dîne à la cafétéria ! 정오에 카페테리아에서 점심 먹자!

- Arriver comme un cheveu sur la soupe 형편 / 사정이 나쁘다.
- Avoir du pain sur la planche : avoir beaucoup de choses à faire 해야 할 일이 많다.
- Avoir la banane : avoir un grand sourire 웃다.
- Avoir la patate : être en forme 컨디션이 좋다.
- Avoir la pêche : être dynamique et plein d'énergie 원기가 있다, 컨디션이 좋다.
- Briser la glace (대화의) 서먹서먹함을 깨뜨리다.
- Casser du sucre sur le dos de quelqu'un : dire du mal (de quelqu'un) en son absence 없는 곳에서 헐뜯다.
- Ce n'est pas de la tarte : Ce n'est pas facile 쉽지 않다.
- C'est (trop) chou ! 귀엽다.
- C'est du flanc : ce n'est pas sérieux, cela n'est pas vrai 엉터리야, 거짓말이다.
- C'est la fin des haricots 만사 끝났다.
- Chanter comme une casserole : chanter sans harmonie 엉망으로 노래하다, 노래를 잘 못하다.
- Couper la poire en deux 공정하게 나누다.
- Des cheveux poivre et sel : des cheveux gris et blancs 희끗희끗한 머리
- En faire des tartines 이야기를 장황하게 늘어놓다.
- En faire tout un fromage 아무 것도 아닌 일을 크게 부풀리다.
- Être haut comme trois pommes : être de petite taille 아주 작다.
- Faire chou blanc : échouer 실패하다.
- Jeter de l'huile sur le feu : aggraver une situation délicate
  불에 기름을 붓다, 불난 집에 부채질하다.
- Marcher sur des œufs : agir avec précaution 조심스럽게 걷다, 신중하게 행동하다.
- Mettre de l'eau dans son vin : être plus modéré 주장을 완화하다, 태도를 누그러뜨리다.
- Mettre du beurre dans les épinards : gagner plus d'argent 수입이 늘다, 형편이 나아지다.
- Mi-figue mi-raisin 무화과도 아니고 포도도 아닌, 애매한
- Ne pas en perdre une miette : Ne rien manquer 하나 / 한 마디도 놓치지 않다.
- Ne pas être en sucre 그다지 허약하지 않다.
- (Avoir /) Prendre de la bouteille 나이를 먹다.
- Pleurer comme une madeleine : pleurer abondamment, exagérément 많이 울다.
- Pousser comme un champignon : grandir très vite 우후죽순 자라다.
- Raconter des salades 허튼소리하다, 거짓말하다.
- Tomber dans les pommes : s'évanouir 기절하다, 정신을 잃다.
- Tourner au vinaigre : devenir mauvais 일을 망치다, 상황이 악화하다.

Culture

La gastronomie française 프랑스의 미식문화

> 당신이 먹는 것을 나에게 말해주면, 당신이 누구인지 말해주겠다
>
> Dis-moi ce que tu manges, je te dirai ce que tu es
>
> – 프랑스의 미식가 브리야 사바랭 Jean-Anthelme Brillat-Savarin(1755-1826) –

프랑스인들은 먹기 위해 산다고 할 정도로 프랑스에서는 음식을 즐기는 문화가 제대로 자리를 잡고 있습니다. 이러한 음식문화의 전통에 대한 프랑스인들의 자부심은 2010년에 '프랑스인들의 미식 식사 repas gastronomique des Français'가 유네스코 인류무형문화유산으로 등재됨에 따라 더욱 커다란 위상을 가지게 되었습니다.

일반적으로 프랑스 요리가 발달하게 된 기원은 1553년에 카트린느 드 메디시스Catherine de Médicis가 프랑스 왕가로 시집오면서 들여온 이탈리아의 고급 식문화에서 찾습니다. 이후 프랑스 요리는 중앙집권 화가 이뤄지고 귀족문화가 발달하면서 더욱 발전하게 됩니다. 이 시기 요리 발달은 상류층을 대상으로 이뤄진 것입니다. 가스트로노미, 즉 미식의 개념이 생기고 상류층이 즐기던 요리를 일반 시민들도 즐길 수 있는 기회가 대중적인 확산 추세로 접어든 것은 프랑스 혁명이 계기입니다. 왕실 및 귀족들의 부엌에 서 나온 요리사들은 부르주아들에게 고용되거나 개인 레스토랑을 차리면서 새로운 요리를 시도하며 미식문화의 발달에 기여한 것입니다. 프랑스가 국가 차원에서 미식문화를 발달시키고자 하는 노력은 미각 수업Leçon de goût이나 미각 주간Semaine du goût을 지정해 아동들의 음식 재료에 대한 맛 감각을 체험하게 하는 학교 교육에서도 엿볼 수 있습니다.

캉브레(Cambrai)의 특산물인 사탕, 〈바보짓(bêtise)〉.
과자 제조공이 실수로 만든 것이어서 이러한 재미난 이름이 붙여졌습니다.

니케(Nikê, 니스의 옛 이름으로 그리스어로 '승리'를 의미)의 샐러드,
〈니스식 샐러드〉.

〈코코뱅(Coq au vin)〉. 프랑스의 전통요리이자 가정요리인 코코뱅. 'coq'은 '닭', 'au'는 '...에, ...이 있는', 'vin'은 '포도주'로, '포도주를 넣어 조리한 닭요리'를 말합니다.

프랑스의 르네 고시니(René Goscinny)와 알베르 우데르조(Albert Uderzo)의 『아스테릭스와 골의 12보물』(문학과지성사, 2002)에서는 아스테릭스와 오벨릭스가 골(로마 시대 프랑스의 옛 이름) 지방의 각 마을을 돌았다는 증거로 다양한 특산물과 요리를 찾아오겠다며 일주를 떠나는 모험담을 그려내고 있습니다.

◢▪ Restaurant 레스토랑

오늘날 레스토랑이라고 하면 고급스러운 분위기의 식당이나 음식점을 가리키는 말입니다. 그러나 레스토랑은 '복원하다, 체력·원기를 회복시키다'를 의미하는 restaurer 동사에서 파생된 어휘로 장소를 가리키기 이전에 '원기를 회복시켜주는 효과를 가진 고기 국물 또는 수프와 같은 마실 것'을 의미했습니다. 레스토랑이 음식과 레스토랑이 식당을 의미하게 된 것은 불랑제Boulanger 요리사가 파리에 식당을 열어 원기 회복을 위한 레스토랑을 만들어 팔았고 이렇게 그가 만든 보양 음식이 인기를 끌게 되면서 그의 식당은 레스토랑으로 불리게 되었습니다.

〈레스토랑 앞 거리에 내놓은 메뉴판〉

요즘은 한국의 음식점이나 카페에서도 메뉴판을 손으로 쓴 거리의 메뉴판을 쉽게 발견할 수 있습니다. 1765년 불랑제가 파리에 세계 최초의 레스토랑을 세운 당시, 정해진 가격을 내고 개인용 테이블에 원하는 고급 보양식을 먹을 수 있었던 레스토랑은 무척 새로운 문화였습니다.

Activités & Exercices

1. Choisissez la forme du verbe qui convient.

(1) J'(attendras – attendrai) mes amis à la gare.

(2) On (laisseras – laissera) la voiture au parking.

(3) Nous nous (retrouveront – retrouverons) devant le café.

(4) Vous (serai – serez) en vacances.

(5) Ils (aimerons – aimeront) ce spectacle.

(6) Nous (choisirons – choisiront) les meilleures places, bien sûr.

(7) Qu'est-ce que vous (ferez – ferai), l'année prochaine ?

(8) Nous (irons – iront) à Strasbourg.

(9) Tu (auras – aura) ta réservation ?

(10) On (verras – verra) !

2. Complétez avec les terminaisons de l'imparfait.

(1) Tu fais_____ les courses. (faire)

(2) Vous buv_____ du café au lait. (boire)

(3) On finiss_____ nos devoirs. (finir)

(4) Nous dans_____ tous les samedis soir. (danser)

(5) Ils dorm_____ jusqu'à midi. (dormir)

(6) Je dev_____ me coucher tôt. (devoir)

(7) Nous habit_____ à Marseille. (habiter)

(8) Il ador_____ le couscous. (adorer)

3. Reliez ces aliments et les plats dont ils sont l'un des principaux ingrédients.

(1) Les pommes de terre ·   · Les crêpes

(2) La viande ·   · Le cassoulet

(3) Le fromage ·   · La choucroute

(4) La courgette ·   · La bouillabaisse

(5) La farine ·   · Le bœuf bourguignon

(6) Les haricots blancs ·   · La fondue savoyarde

(7) Le chou ·   · La ratatouille

(8) Le poisson ·   · Les frites

4. Remplissez la grille avec des noms de plats et d'aliments du dialogue.

B			f		b				r	g			g	n			n
S		l		d			n		ç			s					
C		q					v		n								
R		t		t				l	l								
B			l		l		b			s	s						
C		s	s			l			t								
F					g	r			s								
R		q			f			r	t								
C		m		m	b			r	t								
M		l		s	–	f	r		t			s					

5. Classez ces ingrédients en trois catégories.

La poire	Le poulet	La pomme de terre	Les œufs	L'orange
Le concombre	La laitue	La pêche	L'aubergine	L'oignon
Le porc	L'ananas	La carotte	La banane	Le radis
La pomme	Le mouton	La fraise	Le crabe	L'abricot
Le maquereau	Les moules	Les haricots	Le thon	

Ingrédients d'origine animale	Légumes	Fruits

Bon courage !	용기 내요!
Bon voyage !	좋은 여행하세요!
Bon appétit !	맛있게 드세요!
Bon anniversaire !	생일 축하합니다!
Bon rétablissement !	쾌차하시길!
Bonne chance !	행운이 있기를!
Bonne fête !	즐거운 축제 보내세요!
Bonne journée !	좋은 하루 보내세요!
Bonne année !	새해 복 많이 받으세요!
Bonne route !	여행 잘 하세요!
Bonne rentrée !	개학을 축하해요!
Bonnes vacances !	휴가 잘 보내세요!
Joyeux Noël !	메리 크리스마스!
Joyeuses Pâques !	즐거운 부활절 보내세요!
Meilleurs vœux !	소망하시는 일이 이루어지시길! (신년인사)
Félicitations !	축하합니다!
Tchin tchin !	건배!
À vos souhaits !	시원하시겠네요! (재채기할 때)
À votre santé !	당신의 건강을 위하여!

Leçon 4

À vélo, on dépasse les autos

> " Qui veut voyager loin ménage sa monture. "

학습요점

- 동사 prendre, vouloir 현재형
- 지시형용사
- Si로 시작하는 조건절 표현 (2)
- 대명사 y

Dialogue

Panette : Baguy, tu veux aller au musée d'Orsay ?
바기야, 너 오르세 미술관 갈래?

Baguy : Oh non, j'y suis déjà allé plusieurs fois. Allons plutôt au musée Picasso.
아니, 난 그곳에는 벌써 여러 번 가봤는걸. 차라리 피카소 미술관에 가자.

Panette : Mais tu sais bien, il est fermé à cause des travaux.
하지만 너도 알고 있다시피, 피카소 미술관은 공사하느라 문 닫았잖아.

Baguy : Non, les travaux sont finis maintenant. Le musée est ouvert.
아니야, 공사는 이제 끝났어. 미술관은 문을 열었어.

Panette : Bon. On y va en voiture ?
좋아. 미술관에는 차로 갈까?

Baguy : Non, c'est trop difficile de se garer à Paris. Et en plus, c'est très cher.
아니 안 돼, 파리에서 차를 주차하는 건 너무 어려워. 게다가 비싸.

Panette : Alors allons-y en taxi.
그럼 택시로 가자.

Baguy : Le taxi aussi c'est cher. Et maintenant c'est l'heure de pointe !
택시도 비싸. 그리고 지금은 러시아워인 걸!

Panette : L'heure de pointe ? Qu'est-ce que ça veut dire ?
러시아워? 그게 뭔데?

Baguy : C'est l'heure où les gens vont au travail, ou bien l'heure où ils quittent le travail. Alors il y a beaucoup d'embouteillages.
사람들이 출퇴근하는 시간이지. 그래서 그 시간대에는 길이 굉장히 막혀.

Panette : Si on avait une moto, ce serait bien...
오토바이가 있으면, 좋을텐데...

Vocabulaire & Expressions

- veux : v. vouloir(원하다, 바라다) 동사의 2인칭 단수
- musée : n.m. 미술관, 박물관
- déjà : 이미, 벌써
- plusieurs fois : 자주, 여러 번
- Allons : v. aller(가다) 동사의 1인칭 복수 명령형
- plutôt : 오히려, 차라리
- bien : 잘, 올바르게
- fermé(e) : 닫힌 ≠ ouvert(e)
- travaux : n.m. 공사, travail의 복수
- fini(e) : a. 끝난
- Bon : 좋아 (여기서 Bon은 형용사가 아니라 상대의 말에 만족, 찬성 등을 나타내는 간투사)
- y : 거기에
- en voiture : 차로, 차를 타고
- difficile : a. 어려운
- se garer : v.pr. 주차하다
- en plus : 게다가
- c'est très cher : 너무 비싸다
- aussi : 역시, 또한
- heure de pointe : 러시아워
- Qu'est-ce que ça veut dire ? : 그게 무슨 뜻이지요?
- vont : v. aller(가다)의 3인칭 복수
- quittent : v. quitter(떠나다)의 3인칭 복수
- Alors : 그래서
- beaucoup de (+ 무관사 명사) : 많은, 다수의, 다량의
- embouteillage(s) : n.m. 교통 혼잡, 교통 체증

- sais : v. savoir(알다)의 2인칭 단수
- maintenant : 지금, 이제
- à cause de : ...때문에

En plus

파리의 지하철과 수도권 고속 전철

파리에는 14개 노선의 지하철과 300개가 넘는 지하철역이 있어서 파리의 어디라도 지하철로 갈 수 있습니다. 또한 파리 근교를 연결하는 8개 노선의 전차(le tram)와 수도권 고속 전철(RER, Réseau Express Régional)이 A선부터 E선까지 총 5개의 노선으로 운영되고 있습니다.

Baguy : Mais la moto, c'est trop dangereux.
하지만 오토바이는 너무 위험해.

Panette : Prenons le métro. Ce sera plus rapide !
지하철을 타자. 그게 더 빠를 거야!

Baguy : Mais à cette heure-ci, il y a trop de monde dans le métro...
하지만 이 시간에는 지하철 안에 사람들이 너무 많아.

Panette : Alors allons-y en bus.
그럼, 버스로 가자.

Baguy : En bus ? Il y a autant de monde dans le bus que dans le métro...
버스로? 버스 안에도 지하철만큼이나 사람들이 많아.

Panette : Et si on y allait à vélo ?
자전거로 가면 어떨까?

Baguy : Super ! On pourrait louer un Vélib' !
좋아! 자전거를 빌릴 수 있을 거야!

(...)

Baguy : Dommage, tous les vélos sont déjà loués !
에고, 자전거를 모두 다 빌려갔어!

Panette : Qu'est-ce qu'on fait ?
이걸 어쩌지?

Baguy : Tu sais, le musée Picasso c'est pas loin d'ici. On y va à pied ?
너도 알고 있겠지만, 피카소 미술관은 여기서 멀지 않아. 걸어서 갈까?

Panette : Bonne idée ! C'est gratuit... Et en plus, marcher, c'est bon pour la santé !
좋은 생각이야! 무료지... 게다가 걷는 건 건강에 좋아!

En plus

버스와 지하철 승차권

버스나 지하철을 이용할 때는 공통으로 쓸 수 있는 낱장으로 된 승차권(un ticket)을 구입하거나 10장 묶음(un carnet)으로 된 승차권을 구입할 수 있습니다. 버스나 지하철을 자주 이용하는 승객들은 나비고 (Navigo)라는 충전식 카드 형태의 정기권(1개월용 / 1주일용)을 이용합니다. 하루를 이용할 경우는 하루 권인 모빌리스(Mobilis)를 이용하면 좋습니다.

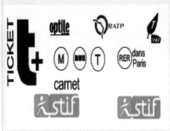

Vocabulaire & Expressions

- moto : n.f. 오토바이
- c'est dangereux : 위험하다
- prenons : v. prendre(타다)의 1인칭 복수 명령
- plus : (보다) 더
- cette : (지시형용사 ce의 여성형) 이, 그, 저
- à cette heure-ci : 지금 이 시간에는
- louer : v. 임대하다
- Super ! : a. 멋진, 훌륭한
- Vélib' : 벨리브(자전거를 의미하는 vélo와 자유를 의미하는 liberté의 합성어로 프랑스 파리 자전거 공유 시스템)
- dommage : n.m. 유감스러운 일
- vélo : n.m. 자전거
- Tu sais : (삽입구나 문두에서) 알겠지만
- gratuit(e) : a. 무료의, 공짜의
- loin : 먼, 멀리
- à pied : 걸어서
- marcher : v. 걷다
- bon(ne) : a. 좋은
- pour : ...을 위해, ...에게
- santé : n.f. 건강
- tous : 모든
- fait : v. faire(하다)의 3인칭 단수
- Bonne idée ! : 좋은 생각이다!
- en plus : 게다가

En plus

벨리브와 피에리브

벨리브(Vélib')는 2007년 7월 15일부터 시작된 프랑스 파리의 자전거 대여 서비스인데, 자전거(vélo)와 자유(liberté)의 합성어로 자전거를 타고 자유롭게 파리를 다니자는 의미입니다. 대여 요금은 신용카드나 교통 카드(Pass Navigo)로 지불할 수 있습니다.

프랑스 배우 세바스티앙 브로쇼의 독창적인 아이디어에서 시작된 피에리브(Piélib)는 발(pied)과 자유(liberté)의 합성어로, 일종의 '무료걷기 서비스'입니다.

Prendre 동사

Prendre는 불규칙하게 변하는 3군 동사로 '타다, 먹다, 마시다, 휴대하다, 사다' 등의 의미를 가집니다.

PRENDRE	
Je prends	Nous prenons
Tu prends	Vous prenez
Il / Elle / On prend	Ils / Elles prennent

- Je prends l'avion / le bateau / le bus / le métro / le taxi / la voiture.
  나는 비행기를 / 배를 / 버스를 / 지하철을 / 택시를 / 자동차를 탄다.
- Qu'est-ce que vous prenez ? 무엇을 드시겠습니까?
- Je prends du vin rouge. 나는 적포도주를 마시겠습니다.
- Prends ton parapluie ! 우산을 챙겨!
- Je vais au supermarché pour acheter des fruits. 과일 사러 슈퍼에 갈 거예요.
  - Prends aussi des yaourts ! 요구르트도 사 와!

Aller 동사도 교통수단의 표현에 사용되며 뒤에 전치사 à / en + 교통수단이 옵니다.

- aller à cheval / à moto / à pied / à vélo. (또는 à bicyclette)
  말을 타고 / 오토바이로 / 걸어서 / 자전거를 타고 가다.
- aller en avion / en bateau / en bus / en métro / en taxi / en voiture.
  비행기로 / 배로 / 버스로 / 지하철로 / 택시로 / 자동차로 가다.

Vouloir 동사

Vouloir는 불규칙하게 변화하는 3군 동사로 뒤에 명사나 동사원형이 오며 '원하다, 바라다'의 의미를 가집니다. 이 동사의 조건법 현재는 상대에게 좀 더 예의를 갖춘 말투가 되어 공손함의 의미를 전달합니다.

VOULOIR	
Je veux	Nous voulons
Tu veux	Vous voulez
Il / Elle / On veut	Ils / Elles veulent

- Je veux partir en France. 나는 프랑스로 떠나고 싶습니다.
- Je voudrais une baguette, s'il vous plaît. 바게트 한 개 주세요.

지시형용사

남성 단수	여성 단수	남·여성 복수
ce, cet	cette	ces

(1) '이, 그, 저'의 의미를 가집니다.
   · ce livre 이 책   · cette table 이 탁자   · ces maisons 이 집들
(2) 명사가 모음이나 무음 h로 시작하는 남성 단수인 경우 cet를 사용합니다.
   · cet arbre 이 나무 · cet homme 이 남자
(3) 지시형용사가 시간명사 앞에 사용되면 현재와 가까운 시간이나 최근의 시간을 의미합니다.
   · ce matin 오늘 아침 · cet après-midi 오늘 오후 · ce soir 오늘 저녁 · cette nuit 오늘 밤
   · ce mois 이번 달 · cette année 올 해

Si로 시작하는 조건절 표현 (2)

〈Si + 반과거, 조건법 현재〉 …하면, …할 텐데

Si로 유도되는 조건절의 결과절로서의 주절에 쓰이는 조건법 현재는 그 뜻이 '…할 텐데'입니다.
· Si on avait une moto, ce serait bien… 오토바이가 있으면, 좋을 텐데…

조건법 현재는 미래 어간에 반과거 어미 –ais, –ais, –ait, –ions, –iez, –aient를 붙여서 만듭니다.

AVOIR ⇒ AUR-	ÊTRE ⇒ SER-	VOULOIR ⇒ VOUDR-	POUVOIR ⇒ POURR-
J'aurais	Je serais	Je voudrais	Je pourrais
Tu aurais	Tu serais	Tu voudrais	Tu pourrais
Il / Elle / On aurait	Il / Elle / On serait	Il / Elle / On voudrait	Il / Elle / On pourrait
Nous aurions	Nous serions	Nous voudrions	Nous pourrions
Vous auriez	Vous seriez	Vous voudriez	Vous pourriez
Ils / Elles auraient	Ils / Elles seraient	Ils / Elles voudraient	Ils / Elles pourraient

대명사 y

대명사 y는 'à + 장소'를 대신하는 말로 동사 앞에 오며 대화 속에서 같은 단어가 반복되는 것을 피하기 위해 사용됩니다.
· Tu vas à la bibliothèque ? 너 도서관 가니?
  – Oui, j'y vais. 응, 나 거기 가. (y = à la bibliothèque)
· Comment tu vas au musée Picasso ?
    피카소 미술관에 어떻게 가니?
  – J'y vais en bus. 버스로 가.

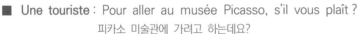
■ Une touriste : La poste, c'est près d'ici ?
　　　　　　　　우체국이 여기에서 가깝나요?

　Baguy : C'est tout près. Vous pouvez y aller à pied.
　　　　　　아주 가까워요. 걸어서 갈 수 있어요.

■ Une touriste : Pour aller au musée Picasso, s'il vous plaît ?
　　　　　　　　피카소 미술관에 가려고 하는데요?

　Baguy : C'est assez loin. Prenez le bus.
　　　　　　꽤 멀어요. 버스를 타세요.

■ Une touriste : Je suis fatiguée. On appelle un taxi ?
　　　　　　　　피곤해요. 택시 부를까요?

Paris, 20 arrondissements 파리, 20구

파리 지도를 보면 이 도시가 얼마나 합리적으로 계획되었는지를 알 수 있습니다. 파리는 행정구역이 모두 20개의 구(arrondissements)로 이루어졌는데, 1구는 파리의 가장 중심에 자리 잡고 있으며, 그곳부터 시계방향으로 돌아가면서 1구부터 20구로 이어져 따라가다 보면 달팽이(escargot) 모양이 됩니다.
구(arrondissement) 앞에는 정관사 le가 쓰이고 그 뒤에 서수가 쓰이는 것에 유의해야 합니다.

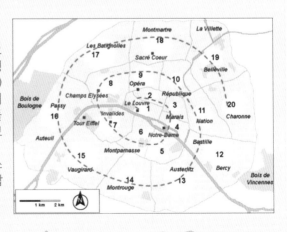

– C'est le pied ! : c'est super ! c'est formidable ! c'est très bien ! 멋지다!

　　· Les vacances, c'est le pied ! 바캉스는 멋져!

　　· Un voyage à moto, c'est le pied ! 오토바이 여행은 멋져!

– Faire quelque chose comme un pied : faire quelque chose d'une manière maladroite ...을 아주 서툴게 하다.

　　· Il joue de la guitare comme un pied. 그는 기타 연주를 아주 서툴게 한다.

– Bête comme ses pieds : idiot(e), vraiment très bête, stupide 아주 바보 같은 사람

　　· Tu es bête comme tes pieds ou quoi ? 너 바보 아니니?

– Travailler d'arrache-pied : travailler avec ardeur, en fournissant beaucoup d'efforts 열심히 일하다.

　　· Il a travaillé d'arrache-pied pour retaper cette vieille maison.

　　　그는 이 오래된 집을 수리하기 위해 열심히 일했다.

– ne pas mettre les pieds 가지 않다.

　　· On se connaît, on s'est vus à Besançon l'été dernier !

　　　우리 서로 아는 사이죠, 지난여름 브장송에서 봤잖아요!

　　· À Besançon ? Vous faites erreur, je n'y ai jamais mis les pieds !

　　　브장송에서요? 잘못 알고 계시는군요, 저는 그곳을 가본 적이 없어요!

– Lever le pied : ralentir 가속페달에서 발을 떼다, 속력을 멈추다, 중단하다, 멈추다.

　　· Pierre travaille trop. Il faut qu'il lève le pied sinon il va finir par tomber malade !

　　　피에르는 일을 지나치게 많이 한다. 일하는 것을 중단하지 않으면 병이 날 거야!

– Faire des pieds et des mains pour... : se démener 갖은 애를 다 쓰다.

　　· Il a fait des pieds et des mains pour obtenir ce poste.

　　　그는 그 일자리를 얻어내는 데 갖은 애를 썼다.

Le musée du Louvre 루브르 박물관

루브르 박물관은 세계 3대 박물관 중 하나이며 세계에서 가장 많은 미술품을 소장하고 있는 박물관입니다. 처음에는 12세기 필립 2세가 건축한 요새이었는데, 14세기 후반 샤를 5세가 왕실 거주지로 개조해 사용하기 시작하면서 왕궁의 면모를 갖추게 되었습니다. 이후 루이 14세가 베르사유 궁전Versailles으로 처소를 옮겨가면서 루브르는 왕실의 예술품을 보관, 관리, 전시하는 공간으로 바뀌기 시작했습니다. 대혁명 시기인 1793년부터 루브르는 본격적인 박물관으로 이용되기 시작하였습니다. 미테랑 대통령의 루브르 박물관 개조 계획에 따라, 루브르는 중국계 미국인 건축가 이오밍 페이에 의한 본격적인 공사가 시작되어 프랑스 대혁명 200주년을 기념해 1989년 현재의 모습으로 새롭게 단장하게 되었습니다.

◼ Le musée Picasso 피카소 미술관

피카소 미술관은 파리 마레지구에 위치하고 있는 살레 저택Hôtel Salé을 개조해 만든 미술관으로 바르셀로나, 말라가에 있는 미술관과 함께 피카소 3대 미술관 중 하나입니다. 5년간의 대대적인 개보수 공사를 마치고 2014년 10월 25일 재개관하였습니다. 에스파냐 말라가에서 태어난 피카소는 예술 활동의 대부분을 프랑스에서 보냈습니다. 피카소가 세상을 떠난 후 그의 상속인들이 상속세 대신 프랑스 정부에 전달한 작품들을 전시하기 위해 프랑스 정부는 살레 저택을 미술관으로 개조해 문을 열었습니다. 예술가로서의 피카소 이름이 붙여진 미술관이지만 피카소 자신이 소장하고 있던 세잔, 르누아르, 마티스, 드가, 모딜리아니의 작품도 함께 전시하고 있습니다.

⊛ 프랑스의 무료 관람 박물관 정책

프랑스는 관광 대국으로, 세계에서 몰려든 사람들은 루브르나 오르세 등 유명 박물관을 방문합니다. 프랑스는 오래전부터 박물관을 문화산업 정책의 중심에 두고 있습니다. 혁명 정부가 만든 제2의 학교인 박물관은 모든 프랑스인들의 사랑을 받고 있는 매력적인 공간입니다. 프랑스는 2002년부터 법안을 마련하여 국립박물관, 공공박물관, 비영리목적의 사립박물관에 '프랑스 박물관(Musées de France)'이라는 라벨을 부여해오고 있습니다. 프랑스 박물관은 전국에 1,210개가 있으며 파리를 비롯해 지방도시에 골고루 분포해 있습니다. 프랑스에서 박물관 개념은 프랑스 혁명 이후 1793년 루브르 박물관에서부터 시작되었습니다. 오늘날까지도 프랑스의 박물관들은 모든 사람이 문화유산에 접근할 평등한 권리를 가져야 한다는 정신을 바탕으로 한 프랑스 정부의 관람료 정책을 따르고 있습니다. 특히 사회적으로 소외된 학생과 젊은이들의 방문을 독려하기 위해 일정한 연령에 따라 관람료를 할인 또는 면제해 주는 정책이 활성화되어 있습니다.

Activités & Exercices

1. Complétez avec le verbe prendre au présent de l'indicatif ou à l'impératif.

(1) – Qu'est-ce que vous _____ ?

– Je _____ du jus d'orange.

(2) – _____ ton parapluie ! Il va pleuvoir cet après-midi.

(3) – Pour aller au musée du Louvre, s'il vous plaît ?

– C'est assez loin. _____ le taxi.

(4) Nous n'avons plus rien à boire alors _____ trois bouteilles de vin rouge et un pack de bouteilles d'eau.

2. Associez.

				· a. bus
		(1) à ·		· b. moto
Je vais		à l'université.		· c. métro
		(2) en ·		· d. bicyclette
				· e. pied

3. Transformez.

le métro	⇒ ce métro

(1) la voiture   ⇒ _____

(2) l'autobus   ⇒ _____

(3) la moto   ⇒ _____

(4) le train   ⇒ _____

(5) le vélo   ⇒ _____

(6) le taxi   ⇒ _____

(7) la mobylette   ⇒ _____

(8) l'avion   ⇒ _____

4. Complétez avec ce, cet ou cette.

(1) – Tu viens avec nous au cinéma _____ soir ?

　　 – Désolé. J'ai beaucoup de travail _____ semaine.

(2) – La place de la Concorde, s'il vous plaît ?

　　 – C'est ici, c'est _____ place !

(3) L'hôpital Pasteur ? C'est _____ hôpital, là, à côté de la poste.

5. Rangez les mots en trois catégories.

un autobus	un VTT	un Airbus	un tramway	un autocar
un TGV	un scooter	une planche à voile	un paquebot	un kayak
un radeau	une montgolfière	un canoë	un hélicoptère	un RER

(1) Transports terrestres :

(2) Transports aériens :

(3) Transports sur l'eau :

un VTT 산악자전거

une planche à voile 윈드서핑

un radeau 뗏목

une montgolfière 열기구

Plan du métro de Paris

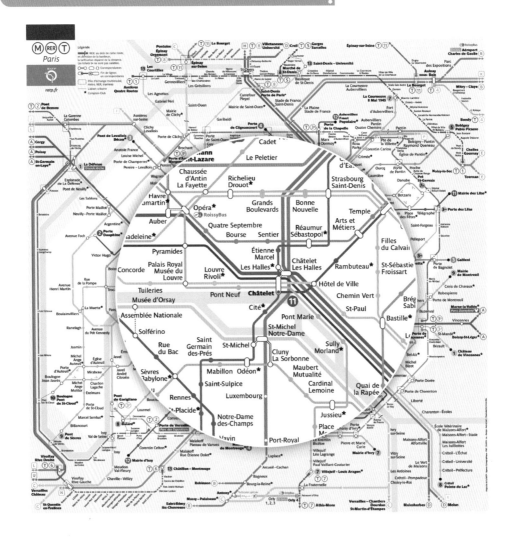

SNCF Société nationale des chemins de fer français 프랑스 국유철도
RATP Régie autonome des transports parisiens 파리교통공사
RER Réseau express régional 수도권 고속전철
Compostage 자동개찰
Poussez 미세요
Tirez 당기세요
Sortie 출구
Entrée 입구
Guichet 매표소
Correspondance 갈아타는 곳

Régie autonome des transports parisiens
RATP

De pied en cap

> L'habit ne fait pas le moine.

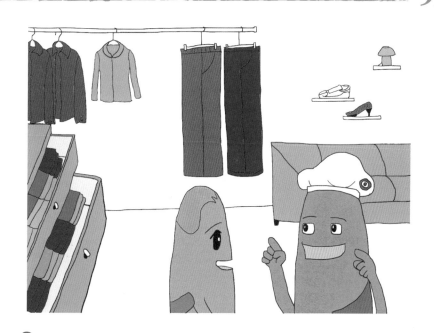

학습요점

- ♀ 옷·신발 사이즈에 관한 표현
- ♀ 복합과거
- ♀ 의문형용사

Panette : Baguy, tu n'as pas oublié le rendez-vous, demain ?
바기, 내일 약속 잊지 않았지?

Baguy : Le rendez-vous ? Quel rendez-vous ?
약속? 무슨 약속?

Panette : Mais tu sais bien, nous sommes invités au mariage de Tartinette et Beurrot.
너 잘 알지, 타르티네뜨와 브로의 결혼식에 초대되었다는 거.

Baguy : Ah oui, c'est vrai ! Mais... j'ai pris un peu de poids... Je n'ai plus rien à me mettre !
아, 그래! 그런데 내가 살이 약간 쪘거든... 그래서 더 이상 입을 옷이 없어!

Panette : Ah là là, Baguy, tu es trop gourmand... Bon, qu'est-ce qu'on fait ?
아! 바기, 너는 먹는 것을 너무 좋아해... 좋아 그럼, 우리 무엇을 할까?

Baguy : Si on faisait le tour des magasins ?
쇼핑하러 가는 게 어때?

Panette : Allons-y ! Moi, j'ai besoin de chaussures.
가자! 난 신발이 필요해.

(...)

Baguy : Combien coûte ce pantalon, s'il vous plaît ?
이 바지 얼마예요?

La vendeuse : Le bleu ? Il fait 90 euros.
파란색 바지요? 90유로예요.

Panette : 90 euros ? C'est trop cher ! Et le marron, il fait combien ?
90유로요? 너무 비싼데요! 그럼, 밤색은 얼마예요?

La vendeuse : Il est en solde. Il fait 55 euros. Quelle est votre taille, monsieur ?
그것은 세일 중이고, 55유로예요. 사이즈가 어떻게 되요?

Baguy : Euh... je fais du 46.
어... 46인데

Panette : Hum hum... Tu es sûr ?
흠... 확실해?

Baguy : Bon, donnez-moi du 48.
그럼, 48사이즈 주세요.

Baguy : Qu'est-ce que tu en penses, Panette ? Il me va bien ?
빠네뜨 어떻게 생각해? 나에게 잘 어울려?

Panette : Tu ne crois pas qu'il est trop petit ?
너무 작다고 생각하지 않니?

Baguy : Vous avez la taille au-dessus, s'il vous plaît ?
미안한데, 좀 더 큰 사이즈 있나요?

- rendez-vous : n.m. 약속, 만나는 장소, (구어) 예약환자
- oublier : v. 잊다, 지워버리다　　　・ demain : 내일, 미래
- savoir : v. 알다, 의식하다 / n.m. 지식, 학식
- inviter : v. 초대하다, 권유하다
- bien : ad. 잘, 올바르게 / n.m. 선, 이익, 유리함
- mariage : n.m. 결혼, 혼인, 결합, 연합
- vrai(e) : a. 참된 / n.m. 진실, 사실 / ad. 정말로, 사실대로
- prendre : v. 잡다, 빼앗다, 차지하다, 얻다, 사다, 착용하다, 복용하다, 걸리다, 타다, 취하다
- un peu de : 얼마간, 다소간 / un peu de + 무관사 명사
- poids : n.m. 무게, 양, 체중, 하중, 부담, 비중
- ne ~ plus rien : 더 이상 ~ 어떤 것도(아무것도) 하지 않다
- se mettre : v. (어떤 입장에) 서다, (어떤 상태가) 되다, 시작하다, 놓이다, (옷을) 입다
- ah là là : 낙담이나 당황을 표현할 때 쓰는 표현
- faire le tour : 한 바퀴를 돌다, 일주하다, 드라이브하다
- avoir besoin de : 필요하다　　　・ gourmand(e) : a. 식도락을 즐기는 / n. 미식가, 식도락가
- magasin : n.m. 상점, 창고　　　・ chaussure : n.f. 신발, 구두 제조업
- coûter : v. 값이 ...이다 / vt. (고통, 불안 따위를) 주다
- pantalon : n.m. 긴 바지, 배경의 막　　　・ marron : n.m. 밤, 밤색 / a. 밤색의
- solde : 바겐세일　　　・ taille : n.f. 자르기, 키(신장), 규모
- sûr(e) : a. 확신하는, 믿을 만한, 분명한 / bien sûr : 물론
- croire : v. 믿다, 신뢰하다
- trop : ad. 지나치게, 과도하게, 매우 / trop de + 무관사 명사 과도한
- petit(e) : a. (키가) 작은, (나이가) 적은
- au-dessus : ad. (장소가) 위에, (수량·정도 따위가) 그 이상으로, 더 나은(좋은)

En plus

1. sur(전치사) ~위에 / sous(전치사) ~아래에: 전치사 + quelque chose

・ Baguy met un livre sur la table. 바기는 책상 위에 책을 놓습니다.

2. dessus(명사, 부사) 상부, 그 위에 / dessous(명사, 부사) 하부, 그 아래쪽에

・ Le prix du coffret est marqué dessous. 금고 가격은 그 아래 쓰여 있습니다.

3. au-dessus(부사) 위에 / au-dessus de(전치사) ~보다 위에 / par-dessus(부사, 전치사) ~을 뒤에서, ~을 넘어서 / ci-dessus(명사, 부사) 위(상기), 그 위에(상기에)

・ Il a neigé au-dessus de 1000 mètres. 천 미터 위에 눈이 내렸다.
・ Elle porte un manteau par-dessus ses habits. 그녀는 옷 위에 외투를 입었습니다.

La vendeuse : Bien sûr, monsieur ! (...)
　　　　　　물론, 있습니다.

Panette : Je voudrais des chaussures pour aller à un mariage, s'il vous plaît.
　　　　　　결혼식에 신고 갈 신발을 좀 사고 싶은데요.

La vendeuse : Quelle pointure faites-vous ?
　　　　　　신발 사이즈가 어떻게 되세요?

Panette : Je fais du 37.
　　　　　　37입니다.

(...)

Panette : Oh là là, c'est serré...
　　　　　　아, 꽉 끼는데요.

La vendeuse : Vous voulez essayer le 38 ?
　　　　　　그럼, 사이즈 38을 신어보시겠어요?

Panette : Oui, s'il vous plaît.
　　　　　　네, 부탁합니다.

Panette : Comment trouves-tu ces chaussures, Baguy ? Elles me vont bien ?
　　　　　　바기 이 신발 어떠니? 나에게 잘 어울려?

Baguy : Oui mais... tu crois que tu peux marcher avec des talons aussi hauts ???
　　　　　　아 그런데... 굽이 좀 높은 것 같은데, 그거 신고 걸을 수 있어???

Panette : Allons à la caisse !
　　　　　　계산대로 가자!

La caissière : Cela fait 55 euros, s'il vous plaît ! Vous réglez comment ?
　　　　　　55유로입니다! 계산은 어떻게 하시겠습니까?

Baguy : En espèces. Voici 60 euros.
　　　　　　현금으로요. 여기에 60유로가 있습니다.

La caissière : Voici votre ticket et votre monnaie.
　　　　　　영수증과 잔돈이 여기 있습니다.

Panette : Et moi je paie par carte.
　　　　　　저는 카드로 지불합니다.

La caissière : Très bien. Alors 45 euros, s'il vous plaît.
　　　　　　좋습니다. 45유로입니다.

Panette : Voici !
　　　　　　여기 있습니다.

La caissière : Merci ! Au revoir !
　　　　　　감사합니다! 안녕히 가세요!

Vocabulaire & Expressions

- vouloir : v. 바라다, 원하다, 주장하다
- pointure : n.f. 치수, 사이즈
- serré(e) : a. 죄는, 몸에 착 달라붙는
- essayer : v. 시험하다, 처음으로 사용하다, 시식하다
- trouver : v. 발견하다, 만나다, (라고) 생각하다, 생각해내다
- marcher : v. 걷다, 나아가다, 작동하다, 움직이다, 행진하다
- talon : n.m. (발)뒤꿈치, (말) 발굽의 뒤끝
- haut(e) : a. 높은 / ad. 높이, 위로
- caisse : n.f. 상자, 통, 금고, 계산대, 기금
- régler : v. (분쟁 따위를) 해결하다, (요금 따위를) 치르다.
- comment : ad. 어떻게, 어떤 방법으로
- espèce : n.f. 종류, 현금, 종
- ticket : n.m. 표, 승차권, 입장권, 식권
- monnaie : n.f. 금속화폐, 잔돈, 거스름돈
- payer : v. 지불하다, 돈을 치르다
- par carte : 신용카드로

En plus

- soldes : n.m. (en solde) / liquidation : n.f. 바겐세일
- remise : n.f. / réduction : n.f. / rabais : n.m. 할인
- chèque : n.m. 수표 / par chèque 수표로
- carte bancaire : n.f. 은행카드 par carte de crédit, carte bleue 카드로
- en espèces : 현금으로
- prélèvement automatique : n.m. 자동납부
- virement : n.m. 이체
- paiement électronique : n.m. 전자결제
- paiement en ligne : n.m. 온라인 결제

Passé composé 복합과거

복합과거(passé composé)는 조동사 être / avoir + 과거분사(participe passé) 결합형태입니다.

Sujet + être + participe passé	
aller : Je suis allé(e)	apparaître : Je suis apparu(e)
arriver : Je suis arrivé(e)	descendre : Je suis descendu(e)
devenir : Je suis devenu(e)	entrer : Je suis entré(e)
naître : Je suis né(e)	monter : Je suis monté(e)
mourir : Je suis mort(e)	partir : Je suis parti(e)
passer : Je suis passé(e)	rester : Je suis resté(e)
retourner : Je suis retourné(e)	sortir : Je suis sorti(e)
tomber : Je suis tombé(e)	venir : Je suis venu(e)

조동사 être는 모두 자동사로 쓰여집니다. 그러므로 조동사 être를 사용하는 이외의 동사들은 조동사 avoir를 써서 복합과거를 만듭니다.

조동사 être는 se lever, se laver, se promener, se méfier, s'amuser, ...등과 같은 대명동사를 복합과거로 만들 때도 사용됩니다.

* être동사를 조동사로 사용하는 복합과거는 주어의 성과 수에 일치시킵니다.
· Baguy est venu. / Panette est venue. / Ses amis sont venus. / Ses amies sont venues.

'Être'와 'avoir'가 조동사로 함께 사용될 수 있는 동사는 다음과 같습니다.

descendre
Elle est descendue par l'ascenseur. 그녀는 엘리베이터로 내려왔습니다.
Elle a descendu une bouteille de vin à la cave. 그녀는 포도주 한 병을 지하실 저장고에 내려다놓았습니다.

monter
Ils sont montés à la tour Eiffel. 그들은 에펠탑에 올라갔습니다.
Ils ont monté les valises. 그들은 가방을 올려다 놓았습니다.

passer
Je suis passé(e) chez le coiffeur. 나는 이발소에 갔습니다.
J'ai passé le permis de chasse. 나는 수렵면허시험을 통과했습니다.

rentrer
Nous sommes rentré(e)s tard. 우리는 늦게 들어왔습니다.
Nous avons rentré la voiture dans le garage. 우리는 자동차를 차고에 들여놓았습니다.

retourner

Jean est retourné à la maison. 쟝은 집으로 돌아왔습니다.
Paul a retourné l'œuf. 폴은 계란을 뒤집었습니다.

sortir

Je suis sorti(e) avec un ami. 나는 친구와 함께 나갔습니다.
J'ai sorti le chien. 나는 개를 데리고 외출했습니다.

위의 동사가 직접목적보어를 가질 때에는 조동사 'avoir'를 취하게 되고, 그 이외에는 조동사 'être'가 사용됩니다.

과거분사(participe passé)는 다음과 같이 만들어집니다.

1군 동사 −é : parlé (parler), trouvé (trouver)...

2군 동사 −i : fini (finir), choisi (choisir)...

3군 동사 −u, −s, −t 또는 불규칙 : vendu (vendre), mis (mettre), écrit (écrire), été (être)...

Adjectifs interrogatifs 의문형용사

	masculin 남성	féminin 여성
singulier 단수	quel	quelle
pluriel 복수	quels	quelles

→ 성수에 따라 변화하며, 또 감탄문으로도 사용됩니다.

(1) Quel + 명사 형태 : 명사와의 성·수 일치 Quel âge avez-vous ? 당신은 몇 살입니까?
  · À quelle heure est-ce que vous déjeunez ? 당신은 몇 시에 점심을 먹습니까?
    (전치사와 함께 사용 가능)

(2) Quel + être 동사 형태 : Quelle est votre profession ? 당신의 직업은 무엇입니까?
  · Quel plaisir ! 얼마나 기쁜지!

■ **La vendeuse** : Bonjour, est-ce que je peux vous aider ?
어서 오세요, 무엇을 도와드릴까요?

Le client : Oui, je voudrais essayer ces chaussures.
네, 이 신발을 신어보고 싶은데요.

La vendeuse : Oui, quelle est votre pointure ?
네, 신발 사이즈가 얼마인가요?

Le client : 42.
42입니다.

■ **La vendeur** : Bonjour, je peux vous aider ?
어서 오세요, 무엇을 도와 드릴까요?

La cliente : Oui, je cherche une robe rouge.
네, 붉은 색 원피스를 찾는데요.

La vendeur : Ce serait pour une occasion particulière ?
특별한 날에 입으실 건가요?

La cliente : Non, c'est pour porter tous les jours.
아니오, 평상시에 있을 것입니다.

La vendeur : Quelle est votre taille ?
사이즈가 어떻게 되나요?

La cliente : M.
미디움 사이즈입니다.

■ **Baguy** : Panette, quels vêtements préfères-tu ?
빠네뜨, 어떤 옷을 좋아해?

Panette : Je préfère les vêtements élégants, que je porte pour le travail. Et toi ?
난 직장에 입고 갈 우아한 옷을 좋아해, 년?

Baguy : Je préfère les vêtements de sport. J'aime porter des choses simples et confortables.
난 스포티한 옷을 선호해. 난 간편한 옷을 입기를 좋아해.

Panette : Oui, et quelles couleurs préfères-tu ?
그래, 어떤 색을 좋아해?

Baguy : J'aime le bleu en général. Et toi ?
난 보통 파란색을 좋아해. 년?

Panette : Je préfère le noir ou le gris.
난 검정색 또는 회색을 좋아해.

- Aller comme un gant ...에게 꼭 맞다(아주 적합하다).
- Avoir les deux pieds dans le même sabot (soulier) (곤란을 당해) 옴짝달싹 못하다.
- Arriver les mains dans les poches 아무 것(노력)도 하지 않고
- Avoir maille à partir avec quelqu'un ...와 다투다.
- Ce café, c'est du jus de chaussettes ! 이 커피는 맹물 같군!
- Coller aux basques 누군가를 가까이서 졸졸 따라다니다.
- C'est coton ! 그것 참 어렵군!
- De pied en cap 발끝에서 머리까지, 완전히.
- En avoir plein les bottes 너무 많이 걸어 지치다.
- Être à la botte de quelqu'un ...에게 헌신하다, ...의 명령에 복종하다.
- Être dans les jupes de sa mère (어린애가) 어머니의 치맛자락에 붙어 다니다.
- Être dans ses petits souliers 불편하다, 거북하다.
- Être dans de beaux draps 곤경에 빠지다.
- Lâcher les baskets (à quelqu'un) ...를 조용히 내버려두다.
- Manger son chapeau 지킬 수 없는 약속을 몹시 후회하다.
- Prendre une veste 실패(패배)하다.
- Se faire remonter les bretelles 꾸지람 듣다.
- S'en jeter un derrière la cravate 한 잔 마시다.
- Tirer son chapeau (인사를 하기 위해) 모자를 벗다.
- Travailler du chapeau (être un peu fou) 머리가 돌다.
- Mouiller la chemise 열심히 노력하다.

être
dans
ses
petits
souliers

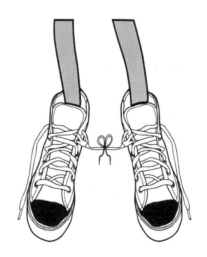

lâche-moi les baskets !

Café 카페

카페는 프랑스인의 대화와 교류의 공간으로써, 17세기말 카페 프로코프café Procope가 파리에 처음 문을 연 이후에, 18세기말 파리에서만 수천 곳이 생길 정도로 성황을 이루었는데, 이러한 카페café는 볼테르 Voltaire, 디드로Diderot, 루소Rousseau 등 당시 거의 모든 계몽주의자들이 드나들며, 자유로운 토론을 할 수 있었던 사적인 공간인 동시에 사교의 공간이었을 뿐만 아니라, 여론을 형성하는 중요한 역할을 하기도 하고, 문학, 예술, 철학의 공간이기도 했습니다. 19세기 초에 생겨났던 브라스리 리프brasserie Lipp와 같은 곳은 20세기의 프랑스 정치계의 거물들인 프랑수아 미테랑, 조르주 퐁피두, 지스카르 데스텡, 자크 시락 등이 자주 출입했던 중요한 정치적 공간역할을 해왔습니다.

20세기 초에 와서는 생제르멩 데 프레의 카페 되 마고café Les Deux Magots와 같은 곳은 그 당시의 초현실주의 화가들과, 카페 드 플로르café de Flore는 사르트르Sartre, 시몬느 드 보부아르Simone de Beauvoir 등의 실존주의 철학자들이 많이 출입했던 곳으로, 문화 공간 역할을 톡톡히 해냈습니다.

오늘날에 와서는 파리에 문화 café, 사이버 café, 심리학 café, 철학 café 등 다양한 종류의 카페가 생겨났습니다. 프랑스 정부에서 문화의 3대 상징으로 루브르 박물관과 프랑스 음식, 카페를 꼽을 정도로 프랑스에서 카페의 상징은 매우 중요합니다.

프랑스 국민의 자긍심

프랑스 국민들처럼 조국에 대한 남다른 긍지와 자부심을 가지고 있는 국민도 드물다고 할 수 있습니다. 이들의 국가관은 '힘', '프랑스', '위대한 국가'라는 3단어로 정리할 수 있습니다. 이러한 국가관에서 엿볼 수 있듯이 그들이 최고라는 것입니다. 예컨대 미테랑 대통령은 "위대한 프랑스를 세계만방에 과시하는 것이야말로 프랑스 국민이 지고 있는 숭고한 의무다"라고 강조하면서, 대통령 재임시 사회복지나 교육보다는 프랑스의 웅장한 역사적 건물을 재건축하는 일, 예를 들면 국립도서관BNF 재건축에 더 많은 심혈을 기울였음을 알 수 있습니다. 강력한 국가로서의, 프랑스를 원하는 프랑스인들은 강력한 권력을 용납하기도 합니다.

루이14세는 "짐이 곧 국가"라고 말하면서, 절대왕정체제를 주장했었는데, 오늘날에 와서도 프랑스 대통령은 상당한 권한을 갖고 있다고 볼 수 있습니다. '자유', '평등', '박애'를 외치면서 프랑스 시민대혁명을 일으킨 나라의 국민으로서 강력한 국가를 원하고, 중앙집권적인 권력을 용납하는 것이 아이러니하게 보이기도 하지만, 프랑스인들은 그들의 사회보장 연금, 퇴직연금, 교육, 교통, 아동양육, 의료 등 거의 모든 분야에 있어서, 철저히 국가와 정부에 의존하는 삶을 살고 있습니다.

Liberté · Égalité · Fraternité
RÉPUBLIQUE FRANÇAISE

변화와 보수의 조화

변화와 보수의 조화를 이루는 프랑스인들은 변화를 좋아하면서도 정작 매우 중요한 근본은 고지식할 정도로 그대로 보존시키려는 어떻게 보면 모순적인 모습을 갖고 있습니다. 그러나 구식이라고 평가가 내려지면 가차 없이 버리고, 필요하다고생각하면 과감하게도 전하는 것도 프랑스입니다.

1974

영국과 더불어 세계에서 가장 먼저 지하철을 운행하기 시작한 나라로서, 20세기 초반에 벌써 거미줄 같은 망의 지하철 시스템을 갖고 있었고, 세계에서 가장 먼저 신용카드의 칩을 개발했고, 유럽에서 가장 먼저 전화카드télécarte를 사용했으며, 최초로 카르푸르Carrefour라는 하이퍼 마켓개념을 도입한 나라인 프랑스는 1970년대 유럽에서 가장 처음 정보단말기라고 할 수 있는 미니텔minitel을 대중화시켰습니다.

Activités & Exercices

1. Associez le vocabulaire des vêtements aux images suivantes :

Bottes (1) : Chapeau (2) : Cardigan (3) : Chaussures pour homme (4) : Cravate (5) :
Foulard (6) : Gilet (7) : Jupe (8) : Pantalon (9) : Parka (10) : Pull-over (11) :
Veston (12) : Vêtement de sport (13) :

( )　　　　( )　　　　( )　　　　( )　　　　( )

( )　　　　( )　　　　( )　　　　( )　　　　( )

( )　　　　( )　　　　( )

2. Mots croisés

– BONNET(5) – CASQUETTE(2) – CHAPEAU(1) – CHAUSSETTES(12) – CHAUSSURES(9)

– CHEMISE(7) – ECHARPE(4) – GANTS(6) – JUPE(8) – PANTALON(11) – PULL(3) – ROBE(10)

– SHORT(13) – T–SHIRT(14)

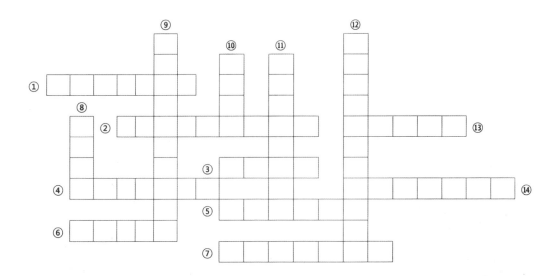

3. Complétez avec l'adjectif interrogatif :

(1) (   ) est votre profession ?

(2) (   ) âge avez-vous ?

(3) À (   ) heure est-ce que vous prenez le petit-déjeuner ?

(4) (   ) est votre nationalité ?

(5) (   ) est votre film préféré ?

4. Mettez au passé composé le verbe entre parenthèses :

(1) Il _____ (arriver) avec trois heures de retard.

(2) Ils _____ (boire) du vin.

(3) Nous _____ (finir) le travail.

(4) Elle _____ (venir) me voir la semaine dernière.

(5) Ils _____ (aller) au cinéma.

Grands magasins

에밀졸라가 '고객을 위한 상업적 성당Une cathédrale de commerce pour un peuple de clientes'이라고 언급한 백화점은 할인판매기간에 아주 바빠집니다. 파리의 양대 백화점인 프랭탕과 라파예트뿐 아니라 1852년 세계 최초로 문을 열어 전 세계적으로 '쇼핑'이라는 소비문화를 탄생시킨 '봉마르셰Le Bon marché' 백화점 등에서는 개장시간 전부터 대로변에 수십 미터 이상 줄지어선 파리사람들과 관광객들을 만날 수 있습니다. 〈나는 생각한다. 그러므로 나는 존재한다. Je pense, donc je suis〉에서 〈나는 물건을 산다. 그러므로 나는 존재한다. J'achète, donc je suis〉는 표현처럼 사색과 철학이 아닌 물신주의에 빠진 파리사람들의 모습을 비난하는 목소리도 있습니다.

에밀졸라의 소설 〈여인들의 행복백화점(Au Bonheur des dames)〉의 배경이 된
'봉마르쉐(Le Bon marché)' 백화점 모습

프랑스에서는 1년에 여름과 겨울 행해지는 세일 기간은 프랑스가 법으로 정하고 있으며 지역에 따라 약간의 차이가 있기도 합니다. 세일 기간은 2015년 이후로 1년에 6주로 이 기간을 이용하는 것도 좋습니다.

Panne de réveil

> " Si jeunesse savait, si vieillesse pouvait. "

학습요점

- 시간에 관한 표현
- 부정형
- Faire
- Devoir
- Savoir / Connaître

Dialogue

Panette : Baguy ! Tu as vu l'heure ?
바기! 몇 시야?

Baguy : Eh bien, il est dix heures, pourquoi ?
자! 10시인데 왜?

Panette : Tu devais être prêt à neuf heures et demie !
Ton alarme n'a pas sonné ?
9시 30분까지 준비해야만 되는데! 알람 안 울렸어?

Baguy : Euh non, mon téléphone n'a plus de batterie.
앗 아니, 내 휴대폰 배터리가 없어서.

Panette : Dépêche-toi ! Lève-toi et prépare-toi vite, on va au mariage !
서둘러! 일어나서 빨리 준비해, 결혼식에 가야지!

Baguy : Ah oui, c'est aujourd'hui ! La cérémonie commence à quelle heure ?
아 그래, 오늘이야! 결혼식이 몇 시에 시작해?

Panette : À treize heures.
오후 1시.

Baguy : Ah bon, à une heure de l'après-midi ? Mais alors, on a encore du temps.
Je vais me recoucher.
아 그래, 오후 1시? 그럼, 아직 시간이 있네, 나 가서 잠 좀 더 잘게.

Panette : Baguy !!!
바기!!!

Baguy : Bon, d'accord... Mais j'ai quand même le temps de prendre un petit-déjeuner !
알았어... 그래도 아침식사를 먹을 시간이 있네.

Panette : Alors juste un café ! Non, Baguy, pas de croissant !
그럼, 커피 한 잔만! 안 돼, 바기, 크루아상은 안 돼!

Baguy : Pour aller à la mairie, il faut combien de temps ?
시청까지 가는 데 얼마나 걸려?

Panette : Ça prend environ une demi-heure. Peut-être plus.
약 30분에서, 그 이상은 걸리지.

Baguy : Bon, on partira vers midi et demi.
그럼, 12시 30분경에 출발하자.

En plus

· le téléphone portable, le portable / le téléphone sans fil / le téléphone mobile
: 무선전화, 휴대폰
cf) le cellulaire (캐나다에서) 휴대폰

· téléphoner à quelqu'un / appeler quelqu'un / passer un coup de fil /
passer un coup de téléphone à quelqu'un : ~누군가에게 전화를 걸다.

Vocabulaire & Expressions

- panne : n.f. 고장, 중단, 정지
- réveil : n.m. 잠을 깨기, 기상, 자명종
- vu : v. voir(보다, 목격하다, 경험하다)의 과거분사
- heure : n.f. 시간, 시
- pourquoi : 왜, 무엇 때문에 / n.m. 이유, 원인
- devoir : v. ~을 해야만 한다 / 의무, 숙제, 과제
- alarme : n.f. 경보, 알람신호
- téléphone : n.m. 전화(기), 전화번호
- se dépêcher : v.pr. 서두르다
- se préparer : v.pr. 준비하다
- commencer : v. 시작하다, 시작되다
- se coucher : v.pr. (잠자리에) 눕다, (몸을) 굽히다, (해, 달, 별이) 지다
- D'accord : 동감이다, 좋습니다
- petit-déjeuner : v. 아침식사를 먹다 / n.m. 아침식사
- juste : a. 올바른, 정확한 / ad. 정확하게, 바로, 단지 / n.m. 올바름, 정의
- café : n.m. 커피, 커피숍
- mairie : n.f. 시청, 구청, 동사무소
- demi(e) : a. 절반의 / n. 절반
- Donc : 그러므로, 그래서, 따라서
- sonner : v. 울리다, 소리나다
- batterie : n.f. 배터리, 격렬한 싸움 포대
- se lever : v.pr. 일어나다
- cérémonie : n.f. 의식, 예식
- après-midi : n.m. 오후
- quand même : 그래도, 그렇지만
- croissant : n.m. 초승달, 초승달 모양의 빵
- environ : ~근처에, ~쯤, 경
- demi-heure : n.f. 반 시간
- partir : v. 출발하다, 시작하다

Parce que : 이유, 원인을 설명할 때 쓰이고, Pourquoi에 답할 때를 제외하고는 문장 앞에 쓰이지 않습니다.
- Je suis en retard parce qu'il y avait des embouteillages. 혼잡 때문에 늦었습니다.

Puisque : 알고 있는 원인을 설명할 때 / 종종 문장 앞에 쓰입니다.
- Puisque personne ne t'attend, reste avec moi. 아무도 너를 기다리지 않으니, 나와 함께 있자.

Car : 종종 Parce que와 비슷하게 쓰입니다. / 문장 앞에는 쓰이지 않습니다.
    증거, 변명을 유도할 때 쓰입니다. / 문어체에서 더 많이 쓰입니다. 콤마가 앞에 선행되어 쓰입니다.
- Il peut acheter un appartement, car il a un bon salaire.
    그는 높은 봉급을 받아서, 아파트를 구입할 수 있었습니다.

Dialogue

Panette : Non, Baguy, il faut partir plus tôt ! Il ne faut pas être en retard !
안 돼, 바기! 좀 더 일찍 떠나야 해! 늦지 말아야 해!

Baguy : Mais moi, je déteste être en avance. Partons vers midi et quart.
그런데, 난 일찍 도착하는 것이 싫어. 12시 15분경에 떠나자.

Panette : Non, partons à midi, et nous sommes sûrs d'arriver à l'heure.
안 돼, 12시에 떠나자. 그럼 확실히 정시에 도착할 수 있어.

Baguy : Quelle heure est-il maintenant ?
지금 몇 시야?

Panette : Il est déjà dix heures et quart.
벌써 10시 15분이야!

Baguy : Le mariage dure combien de temps ?
결혼식은 어느 정도 걸릴까?

Panette : La cérémonie dure à peu près une heure,
mais après nous irons faire la fête tous ensemble !
결혼식은 약 1시간동안 진행될 거고 이후에 피로연이 있는데 함께 가자!

Baguy : Et nous danserons jusqu'à minuit !
자정까지 춤 파티가 있을 거야!

Panette : Danser ? Aïe aïe aïe... Comment je vais faire ?
춤? 아아... 어떻게 해야 하나?

(...)

Baguy : Panette ! On a oublié quelque chose de très important !
매우 중요한 것을 잊었어!

Panette : Quoi donc ?
그게 뭔데?

Baguy : Le cadeau !
선물!

Panette : Oh non ! Il est déjà midi et demi !
On va être en retard !
아 안 돼! 벌써 12시 30분이야! 늦겠어!

En plus

· À peu près (부사) 거의: presque, quasi, quasiment
Le frigo est à peu près vide. 냉장고는 거의 비어 있다.

· À peu près (명사) 전후: approximativement
Il calcule une somme par à peu près. 그는 총액을 근사치로 계산한다.

· À peu près (형용사) 근, 약: environ
Il y a environ un an. 약 1년 전에.

Vocabulaire & Expressions

· Il faut : v. ~을 해야만 한다, 필요하다
· tôt : ad. 일찍, 곧
· en retard : 지연된
· en avance : ad. 미리, 앞선, 일찍
· moins le quart : 15분전
· arriver : v. 도달하다, 이르다, 다다르다
· à l'heure : 정시에, 시간당
· maintenant : ad. 지금, 이제부터는, 현재

En plus

· o.k. : d'accord, bien, bon, oui, parfaitement.
· pile : n.f. 건전지 (pile sèche)

	En France	Au Québec
아침식사	Le petit-déjeuner	Le déjeuner
점심식사	Le déjeuner (le repas de midi)	Le dîner
저녁식사	Le dîner	Le souper

· Aïe ! 아야(아픔, 불쾌감, 짜증)
· Atchoum ! 에취!
· Hélas ! 슬프도다!(탄식)
· Hein ! 뭐라고!(반문)
· Ouf ! 아이고!(고통), 휴우!(안도)

· Zut ! 이런!, 제길!(실망, 분노)
· Psitt ! 어이!, 이봐!
· Ah ! 아!(기쁨, 고통, 감탄)
· Mince ! 제기랄!
· Crac ! 툭!, 탁!

Le verbe ≪devoir + infinitif≫ : l'obligation & la probabilité

1. 의무(l'obligation)

· Baguy doit changer d'assurance. 바기는 보험을 바꿔야 한다. [현재]
· Baguy a dû changer d'assurance. 바기는 보험을 바꿔야 했다. [과거]
· Baguy devra changer d'assurance. 바기는 보험을 바꿔야 될 거다. [미래]

2. 가능성(la probabilité)

· Panette est en retard. Elle doit avoir un problème. 그녀는 아마도 문제를 갖고 있다. [현재]
· Panette était en retard. Elle a dû avoir un problème. 그녀는 아마도 문제를 갖고 있었다. [과거]
· Panette viendra demain. Elle devrait arriver tôt. 그녀는 아마도 곧 도착하게 될 거다. [미래]
  * 미래형은 조건법현재(le conditionnel présent)를 사용해야만 합니다.

Présent	Futur simple	Passé composé	Imparfait	Conditionnel (présent)
Je dois	Je devrai	J'ai dû	Je devais	Je devrais
Tu dois	Tu devras	Tu as dû	Tu devais	Tu devrais
Il / Elle / On doit	Il / Elle / On devra	Il / Elle / On a dû	Il / Elle / On devait	Il / Elle / On devrait
Nous devons	Nous devrons	Nous avons dû	Nous devions	Nous devrions
Vous devez	Vous devrez	Vous avez dû	Vous deviez	Vous devriez
Ils / Elles doivent	Ils / Elles devront	Ils / Elles ont dû	Ils / Elles devaient	Ils / Elles devraient

La négation (부정형)

NE ... PAS LE / PAS LA / PAS L' / PAS LES Baguy n'aime pas la chaleur.
　　　　　　　　　　　　　　　　　바기는 더위를 좋아하지 않는다.
NE ... PAS DE / PAS D' Panette n'a pas de voiture. 빠네뜨는 자동차가 없다.
NE ... AUCUN(E) Il ne reste aucun morceau. 한 조각도 남지 않았다.
CE N'EST PAS UN / UNE / DU / DE LA / DE Ce n'est pas un désastre. 그것은 재난이 아니다.
CE NE SONT PAS DES Ce ne sont pas des problèmes difficiles. 그것은 어려운 문제가 아니다.
NE ... PLUS Baguy ne mange plus. 바기는 더 이상 먹지 않는다.
NE ... PAS ENCORE Panette n'est pas encore là ! 빠네뜨는 아직 거기에 있지 않아!
NE ... PAS NON PLUS Baguy ne vient pas non plus. 바기 또한 오지 않았다
NE ... PAS BEAUCOUP(DE / D') Il n'y a pas beaucoup de nuages. 구름이 많지 않다.
NE ... NI ... NI Panette n'aime ni le sport ni la musique.
　　　　　　　　　빠네뜨는 스포츠도 음악도 좋아하지 않는다.

NE ... RIEN Baguy ne sait rien. 바기는 전혀 모른다.

NE ... PERSONNE Il n'y a personne. Personne n'est là. 거기에 아무도 없다.

NE ... NULLE PART Panette ne va nulle part ce mois-ci.

빠네뜨는 이번 달에 아무 곳도 가지 않는다.

NE ... JAMAIS On ne sait jamais ce qui peut arriver. 어떤 일이 일어날지 결코 모른다.

Savoir / Connaître

1. Savoir 알다

(1) Savoir + infinitif (동사원형)

· Il sait conduire une voiture. 그는 차를 운전할 줄 안다.

(2) Savoir + proposition subordonnée (종속절)

· Je sais que Panette va se marier bientôt. 난 빠네뜨가 곧 결혼할 거라는 것을 안다.

· Baguy sait ce qu'elle a dit. 바기는 그녀가 뭐라고 말했는지를 안다.

2. Connaître 알다

Connaître + nom (명사) :

(1) Connaître quelque chose 어떤 것을 알다.

· Je connais bien ce quartier. 나는 이 거리를 잘 안다.

(2) Connaître quelqu'un 누군가를 알다.

· Il connaît bien Panette. 그는 빠네뜨를 잘 안다.

Présent	Futur simple	Passé composé	Imparfait
Je sais / connais	Je saurai / connaîtrai	J'ai su / connu	Je savais / connaissais
Tu sais / connais	Tu sauras / connaîtras	Tu as su / connu	Tu savais / connaissais
Il / Elle / On sait / connaît	Il / Elle / On saura / connaîtra	Il / Elle / On a su / connu	Il / Elle / On savait / connaissait
Nous savons / connaissons	Nous saurons / connaîtrons	Nous avons su / connu	Nous savions / connaissions
Vous savez / connaissez	Vous saurez / connaîtrez	Vous avez su / connu	Vous saviez / connaissiez
Ils / Elles savent / connaissent	Ils / Elles sauront / connaîtront	Ils / Elles ont su / connu	Ils / Elles savaient / connaissaient

Faire

Faire는 불규칙하게 변하는 3군 동사로, '하다', '만들다', '...하게 하다' 이외에도 옷의 치수를 묻는 표현이나 '합이 얼마이다' 등에 사용됩니다.

· faire du sport 운동하다 / faire la cuisine 요리하다 / faire la vaisselle 설거지를 하다 /
 faire de la musique 음악을 하다, 연주하다

Présent	Futur simple	Passé composé	Imparfait
Je fais	Je ferai	J'ai fait	Je faisais
Tu fais	Tu feras	Tu as fait	Tu faisais
Il / Elle / On fait	Il / Elle / On fera	Il / Elle / On a fait	Il / Elle / On faisait
Nous faisons	Nous ferons	Nous avons fait	Nous faisions
Vous faites	Vous ferez	Vous avez fait	Vous faisiez
Ils / Elles font	Ils / Elles feront	Ils / Elles ont fait	Ils / Elles faisaient

■ Pour demander l'heure 시간을 물어보기 위해

　· Il est quelle heure, s'il vous plaît ?

　· Quelle heure est-il ?

　· C'est quelle heure ?

　· Tu as l'heure ? / Vous avez l'heure ?

■ Dire l'heure approximative 대략적으로 시간을 말하기 위해

　· Environ ...쯤, 경

　· à peu près 대략, 약

　· presque 거의

■ Expressions de temps 시간의 표현

　· Depuis : continuité ...이래로, ...전부터

　· Pendant : durée dans le passé ...동안

　· Quand : durée dans le passé ...할 때마다

　· En : durée pour accomplir ...걸려서, ...에

　· Il y a : moment dans le passé ...전에

　· Dans : moment dans le futur ...동안에, ...이내에, ...후에

　· Jusqu'à : antériorité ...까지

　· Dès : immédiatement, à partir de ...부터, ...하자마자

■ **Baguy** : Quelle heure est-il, Panette ?

　　　　빠네뜨, 몇 시야?

　Panette : Un moment, s'il te plaît. Il est quatorze heures.

　　　　잠깐만! 오후 2시.

　Baguy : Merci !

　　　　고마워!

　Panette : Il n'y a pas de quoi.

　　　　천만에.

　Baguy : Le bus va arriver !

　　　　버스가 오네!

Pour aller plus loin

- Tout à l'heure : dans peu de temps / il y a peu de temps 곧, 조금 후에, 조금 전에
- À tout à l'heure ! 조금 있다 봐. 안녕!
- À la première heure : très tôt le matin, le plus tôt possible 아침 일찍
- De bonne heure : tôt 일찍, 일찍부터
- D'une heure à l'autre : d'un moment à l'autre 시간마다, 곧
- La nuit des temps / de tout temps : époque éloignée dans le passé, éternité 아득한 옛날
- Il y a beau temps que : il y a longtemps que ...한 지 오래 되었다
- De mon temps : à mon époque 내가 젊었을 때
- Ces derniers temps : récemment 근래, 최근
- À temps / juste à temps : à l'heure / assez tôt 늦지 않게, 제 때에
- Par les temps qui courent : actuellement 요즘은
- En temps ordinaire : habituellement 평소, 평상시
- De temps en temps / de temps à autre : quelquefois 이따금
- Avec le temps : peu à peu, à la longue 이윽고
- En temps utile : au moment propice 적당한 때에. 유효기간 내에
- En un rien de temps : rapidement 순식간에
- En même temps : ensemble, simultanément 동시에
- Tout le temps : continuellement 늘, 항상
- Être dans l'air du temps : être tendance, à la mode 현대 감각에 부합하다.
- Avoir fait son temps : être à la fin de son activité, de sa vie 정년이 되다. 끝나다.
- Gagner du temps : retarder un évènement 시간을 벌다.
- Perdre du temps : ne pas faire un bon usage du temps, ne pas être efficace 시간을 허비하다.
- Le temps presse : il y a urgence 한 시가 바쁘다.
- Prendre (tout) son temps : ne pas se presser 천천히 하다. 여유를 가지다.
- Tuer le temps : faire n'importe quoi, sans motivation, pour ne pas s'ennuyer 이럭저럭 시간을 보내다.
- Le plus clair de son temps : la partie la plus importante de la journée 대부분의 시간

gagner du temps

En plus

la journée 하루(지속): le jour 낮 / le matin 오전 / la matinée 아침나절 /
(le) midi 정오 / l'après-midi 오후 / le soir 저녁 / la soirée 밤(일몰에서 취침 시까
지 / minuit 자정 / la nuit 야간
  * midi 앞에 관사는 생략되고 드물게 사용합니다.
  · Le midi, je déjeune à la cantine. 정오에 구내식당에서 식사를 합니다.

  * minuit 앞에 관사는 사용되지 않습니다. 단, 고전문학 속에 사용을
    제외하고...

le temps presse

▪ Les fêtes 축제

축제란 한 민족이 살아왔던 삶의 과정과 연관성을 보여주는 중요한 결과물입니다. 또한, 그것은 일상에서의 탈출이자 개인주의 경향이 두드러지는 사회 속에서 구성원의 결속력을 공고히 하는 수단이기도 합니다. 이러한 축제는 전통문화의 계승발전에 기여하고, 문화의 상품화를 이루며, 나아가서는 자기문화의 가치를 인정하게 함으로써 그 문화에 자긍심을 갖게 하는 중요한 도구가 될 수 있습니다. 프랑스의 축제는 지방 축제를 포함 대략 500개 정도로, 지방 문화를 활성화하는데 중요한 역할을 하고 있습니다. 종교에 관한 축제가 그 대다수를 이루는데, 프랑스는 전통적으로 가톨릭 국가이고, 국민의 70% 이상이 가톨릭이라고 공언하기 때문이기도 합니다. 프랑스에는 여러 가지 축제가 열립니다. 이러한 축제들은 프랑스 문화에 역동적인 생명력을 부여해 주고 있습니다. 프랑스는 라틴 문화와 게르만 문화가 융합되어 서유럽 문화의 집산지라고 할 만큼 다양한 문화가 모여 있는 나라로서 축제가 많았습니다. 그러나 반 종교 개혁운동과 오랜 중앙집권에 의해 많은 지방 문화가 말살되었습니다. 그러나 1980년 지방자치법의 변화로 인해 각 지방에서 정체성 살리기의 한 방편으로 많은 축제들이 신설 혹은 부활되었습니다.

▪ 국가축제

> 혁명기념일, 노동절, 종전기념일, 휴전기념일

▪ 종교축제

> 부활절, 예수승천일, 성신강림축일,
> 성모마리아승천축일, 만성절, 성탄절

◢ 문화축제

음악축제, 연극축제, 영화축제

◢ 프랑스의 기념일

날짜	이름
3월 첫 번째 일요일	할머니의 날 (Fête des grands-mères)
4월 1일	만우절 (le 1er avril)
5월 마지막 금요일	이웃의 날 (Fête des voisins)
5월 마지막 일요일	어머니의 날 (Fête des mères)
6월 21일	음악 축제 (Fête de la musique)
6월 세 번째 일요일	아버지의 날 (Fête des pères)
9월 23일	식도락의 날 (Fête de la gastronomie)

◢ 프랑스의 법정공휴일

날짜	이름
1월 1일	신정 (Jour de l'An)
4월 13일(가변적)	부활절 다음 날 (lundi de Pâques)
5월 1일	노동절 (Fête du Travail)
5월 8일	종전기념일 (Anniversaire 1945)
5월 21일(가변적)	예수승천일 (Ascension)
6월 1일(가변적)	성신강림축일 다음날 (lundi de Pentecôte)
7월 14일	혁명기념일 (14 juillet, fête nationale française)
8월 15일	성모마리아승천축일 (Assomption)
11월 1일	만성절 (Toussaint)
11월 11일	휴전기념일 (Armistice 1918)
12월 25일	성탄절 (Noël)

Activités & Exercices

1. Écrivez l'heure en toutes lettres.

    (1) 8h45   → ✑

    (2) 16h30   → ✑

    (3) 12h12   → ✑

    (4) 2h40   → ✑

    (5) 21h13   → ✑

2. Écrivez l'heure en toutes lettres de manière formelle ou informelle.

    (1) 15h20 (formel)   → ✑

    (2) 23h50 (informel) → ✑

    (3) 17h15 (informel) → ✑

    (4) 18h18 (formel)   → ✑

    (5) 21h45 (informel) → ✑

3. Écrivez l'heure en chiffres.

    (1) quatre heures quinze   → ☾

    (2) onze heures trente-six → ☾

    (3) une heure vingt-sept   → ☾

    (4) trois heures cinquante → ☾

    (5) dix-huit heures trente → ☾

4. Lisez de façon informelle ce que les horloges indiquent :

(1)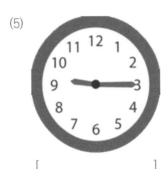

[   ]

(2)

[   ]

(3)

[   ]

(4)

[   ]

(5)

[   ]

5. Complétez ces phrases avec savoir ou connaître.

(1) Ils (   ) nager.

(2) Elle (   ) parler français.

(3) Ils (   ) ce professeur.

(4) Il ne (   ) pas qui est cet homme.

(5) Elle (   ) bien ses amis.

Sur le pont d'Avignon

Sur le pont d'Avignon

singing-bell.com

Sur le pont d'A - vi - gnon l'on y dan - se, l'on y dan - se

sur le pont d'A - vi - gnon l'on y dan - se tous en rond.

Sur le pont d'Avignon
L'on y danse, l'on y danse
Sur le pont d'Avignon
L'on y danse tous en rond
Les beaux messieurs
font comm' ça
Et puis encore comm' ça

아비뇽 다리는 프랑스의 유명한 동요로 생베네제Saint-Bénézet 다리로도 불립니다. 12세기 무렵 양치기 소년 베네제Bénézet가 다리를 지으라는 신의 계시를 듣고 혼자서 돌을 쌓아지었다는 전설이 전해져오고 있습니다. 이 다리에서는 항상 〈Sur le pont d'Avignon〉이 흘러나옵니다.

노래 후렴구 부분에 les messieurs 대신에 les belles dames, les jardiniers, les bébés, les soldats, les professeurs, les musiciens 등을 넣어서 같이 불러봅시다.

La pluie et le beau temps

> Après la pluie, le beau temps.

학습요점

- 💡 날씨에 관한 표현
- 💡 기호동사
- 💡 계절 · 월 · 요일
- 💡 비인칭동사

Baguy : Quel beau temps aujourd'hui !
오늘 날씨 좋은데!

Panette : C'est vrai. Le ciel est tout bleu, et le soleil brille.
그래. 하늘은 아주 파랗고, 햇살이 좋아.

Baguy : Et il fait bon, 18 degrés !
날씨가 쾌적해, 18도야!

Panette : Pourtant c'est déjà l'automne.
그렇지만 이미 가을이야.

Baguy : C'est vrai, nous sommes le 1er octobre.
그래, 오늘이 10월 1일이야.

Panette : En octobre, quelquefois, il pleut et il fait gris.
10월에는 이따금 비가 내리고 날씨가 흐려지기도 하지.

Baguy : Et en novembre, souvent, il y a du brouillard...
종종 11월에는 안개가 끼지.

Panette : Et du vent...
바람도 불고...

Baguy : Oui, il fait mauvais ! Et on s'enrhume ! Je déteste l'humidité !
그래, 날씨가 좋지 않지! 그래서 감기에 걸려! 난 습한 날씨가 싫어!

Panette : Alors quelle est ta saison préférée, Baguy ?
바기, 그럼 넌 어떤 계절을 좋아해?

Les nombres ordinaux 서수

기수에 –ème를 붙여서 만들며, premier, second, dernier를 제외하면 여성과 남성형태가 동일합니다.

1er – 1re	premier [pʀəmie] – première [pʀəmiɛʀ]
2e	deuxième [døziɛm] / second [səgɔ̃] – seconde [səgɔ̃d]
3e	troisième [tʀwaziɛm]
4e	quatrième [katʀiɛm]
5e	cinquième [sɛ̃kiɛm]
6e	sixième [siziɛm]
7e	septième [sɛtiɛm]
8e	huitième [ɥitiɛm]
9e	neuvième [nœviɛm]
10e	dixième [diziɛm]
마지막의	dernier [dɛʀnie] – dernière [dɛʀniɛʀ]

* Deuxième는 troisième, quatrième 등이 연속되어 사용될 때, second는 두 번째로 사용이 끝날 때 쓰게 됩니다.

106 프랑스어 첫걸음

- beau(belle) : a. 아름다운, 보기 좋은, (날씨가) 좋은
- temps : n.m. 시간, 시기, 때
- aujourd'hui : ad. 오늘, 오늘날
- ciel : n.m. 하늘, 천국
- tout(e) : a. 전부, 모든 / -마다 / 모두, 모든 것
- bleu(e) : a. 파란, 멍든
- soleil : n.m. 태양, 양지바른 곳
- briller : v. 빛을 바라다, 뛰어나다
- degré : n.m. 도, 도수, 계급, 학위
- pourtant : ad. 그러나, 그렇지만
- déjà : ad. 이미, 벌써, 그 정도로도
- automne : n.m. 가을
- octobre : n.m. 10월
- novembre : n.m. 11월
- quelquefois : ad. 때때로, 이따금
- pleuvoir : v. 비가 오다 / 쏟아지다
- gris(e) : a. 회색의 칙칙한 / n. 회색
- souvent : ad. 흔히, 종종
- brouillard : n.m. 안개, 애매모호
- vent : n.m. 바람, 대기
- mauvais(e) : a. 나쁜 / ad. 나쁘게 / 악(인)
- s'enrhumer : v.pr. 감기에 걸리다
- détester : v. 싫어하다
- humidité : n.f. 습기, 습도
- saison : n.f. 계절, 시즌
- préféré(e) : a. 좋아하는, 선호하는 / n. 좋아하는 것

En plus

1. **Quelquefois**는 부사로서, '이따금', '때때로'의 의미를 지니고 있으며, 'parfois', 'de temps en temps', 'à l'occasion'으로 대신 사용할 수 있습니다.
   - Il lui arrivait quelquefois de rester des heures debout.
     그에게는 이따금 몇 시간 서 있는 일이 있었습니다.

2. **Quelques fois**는 명사로 '몇 번', '몇 곱절'의 뜻을 지니고 있으며, 'deux ou trois fois', 'plusieurs fois'으로 대신 사용할 수 있습니다.
   - Elle prend l'habitude de se regarder quelques fois dans le miroir avant de sortir.
     그녀는 외출하기 전에 몇 번씩 거울을 쳐다보는 습관이 있습니다.

Baguy : L'hiver !
겨울!

Panette : Ah bon ? Mais en hiver, il fait froid !
아 그래? 그런데 겨울은 춥지!

Baguy : Oui, mais j'adore la neige et les sports d'hiver, le ski, le patin à glace, la luge...
맞아, 그러나 나는 눈과 스키, 스케이트, 썰매와 같은 겨울스포츠를 좋아해!

Panette : À la montagne, il fait un froid de canard !
산은 매우 추워!

Baguy : Et toi ? Tu préfères quelle saison ? Le printemps, l'automne ou l'été ?
너는? 어떤 계절을 좋아해? 봄, 가을, 여름?

Panette : J'aime bien le printemps, parce qu'il y a beaucoup de fleurs. Et au printemps, il fait doux. Mais j'aime bien l'été aussi, parce que c'est la saison des vacances. Et j'adore aller à la plage, j'adore nager !
나는 꽃이 많이 피어나는 봄이 매우 좋아. 그리고 봄에는 날씨가 온화해. 그런데 나는 바캉스의 계절이므로 또한 여름을 매우 좋아하지. 난 해변에 가는 것도 좋아하고, 수영하는 것도 좋아해!

Baguy : Oui, mais l'été, il fait trop chaud... Je n'aime pas la chaleur... Heureusement, on peut manger des glaces !
그래, 그러나 여름은 매우 더워... 나는 더위가 싫어... 아이스크림을 먹을 수는 있어서 다행이야!

Baguy : Rentrons vite, Panette ! Le ciel se couvre ! Il va sûrement pleuvoir !
빠네뜨, 빨리 집으로 가자! 구름이 잔뜩 끼었어! 분명 비가 올 거야!

Panette : Plus vite, Baguy ! Il pleut des cordes ! Quel temps de chien !
바기, 더 빨리! 비가 억수같이 쏟아진다! 날씨 참 고약하군!

En plus

· Prendre (attraper) froid / Attraper (prendre) un rhume
/ S'enrhumer 감기에 걸리다.

Vin chaud(뱅쇼)는 프랑스에서 겨울에 감기 예방이나 모임에서 주로 즐겨 마시는 와인으로 적포도주와 레몬, 사과, 향신료 등을 넣어 따뜻하게 데워서 음료입니다.

Vocabulaire & Expressions

- hiver : n.m. 겨울
- adorer : v. 매우 좋아하다, 숭배하다
- sport : n.m. 스포츠, 운동
- luge : n.f. 썰매
- un froid de canard : 매우 추움
- printemps : n.m. 봄
- fleur : n.f. 꽃
- doux(ce) : a. 단 맛이 나는, 순한, 부드러운 / ad. 순순히, 부드럽게
- vacances : n.f. 방학, 휴가, 바캉스
- plage : n.f. 해변, 강가
- nager : v. 헤엄치다, 수영하다
- chaud(e) : a. 따뜻한, 더운 / ad. 따뜻하게
- chaleur : n.f. 열기, 더위
- heureusement : ad. 다행히, 무사히, 적절히
- pouvoir : v. 할 수 있다 / n.m. 권력, 힘, 영향력
- manger : v. 먹다, 식사하다
- glace : n.f. 얼음, 아이스크림
- rentrer : v. 돌아오다, 다시 들어오다
- vite : ad. 빨리, 재빨리
- se couvrir : v.pr. 옷을 입다, (으로) 뒤덮이다, (하늘이) 흐리다
- sûrement : ad. 확실하게, 분명히
- pleuvoir des cordes : 비가 억수로 내린다
- temps de chien : 고약한 날씨

- froid(e) : a. 차가운, 식은 / ad. 차게
- neige : n.f. 눈
- patin à glace : 빙상 스케이트
- montagne : n.f. 산, 산더미
- préférer : v. 더 좋아하다, 선호하다
- été : n.m. 여름

En plus

1. **Beaucoup**는 명사와 함께 사용되며, 항상 뒤에 전치사 'de'가 사용됩니다.
   - Elle a beaucoup d'amies. 그녀는 친구가 많이 있습니다.
   또한, 동사 뒤에 사용되기도 합니다. · Il parle beaucoup. 그는 말을 많이 합니다.

2. **Très**는 형용사나 부사 앞에 사용됩니다.
   - Il est très fatigué. 그는 매우 피곤합니다. · Il court très lentement. 그는 매우 늦게 달립니다.
   * 'très'는 의무적으로 연음합니다.

3. **Trop**는 형용사, 부사 등과 함께 사용되는 부사로, 명사로 사용되기도 하며, 특별한 경우를 제외하고는 부정의 의미로 사용됩니다. 명사가 뒤따를 때에는 전치사 'de'가 사용됩니다.
   - Il y a trop de monde. 사람들이 지나치게 많이 있습니다.
   - Il parle trop. 그는 지나치게 말을 많이 합니다.
   * 구어에서 사용되는 'trop'는 긍정적인 의미로 사용되면 이는 'super'의 의미를 지닙니다.

Les verbes de goût 기호동사

(1) Aimer, ne pas aimer, adorer, détester, préférer + verbe à l'infinitif : 기호동사 + 동사원형
기호동사 다음에는 명사가 오거나 동사원형이 옵니다.
  · Il aime la lecture = Il aime lire. 그는 독서를 좋아한다.
  · Tu adores les voyages = Tu adores voyager. 너는 여행을 아주 좋아한다.

préférer 기호를 나타내거나 선호도를 비교하는 표현을 할 경우 préférer 동사를 사용
합니다.
  · préférer A (명사 또는 동사원형) : A를 더 좋아하다
    - Nous préférons la cuisine thaïlandaise. 우리는 태국음식을 더 좋아한다.
  · préférer A (명사) à B (명사) : B보다 A를 더 좋아하다
    - Elle préfère le train à l'avion. 그녀는 비행기보다 기차를 더 좋아한다.

(2) Aimer, adorer, détester, préférer + nom : 기호동사 + 정관사 + 명사
  · J'aime la musique. 나는 음악을 좋아한다. / Vous adorez le sport. 당신은 스포츠를 아주 좋아한다.
  · Elle déteste la danse. 그녀는 춤을 싫어한다.

Les saisons 계절

봄	여름	가을	겨울
le printemps	l'été	l'automne	l'hiver
au printemps	en été	en automne	en hiver

* 자음으로 시작하는 '봄' 앞에 'au'를 쓰고, 나머지 계절 앞에는 'en'을 씁니다.

Les mois 월

1월	2월	3월	4월	5월	6월
janvier	février	mars	avril	mai	juin
7월	8월	9월	10월	11월	12월
juillet	août	septembre	octobre	novembre	décembre

명확한 날짜를 나타내기 위해 정관사 남성단수 형태와 함께 〈le + 날짜〉를 사용합니다.
· Je vais en France le 14 juillet. 나는 프랑스로 7월 14일에 간다.

달을 나타내기 위해 〈en + 달〉, 〈au mois de / d' + 달〉을 사용합니다.
· Ils ne travaillent pas en août. / Ils ne travaillent pas au mois d'août. 그들은 8월에 일하지 않는다.

Les jours 요일

월요일	화요일	수요일	목요일	금요일	토요일	일요일
lundi	mardi	mercredi	jeudi	vendredi	samedi	dimanche

Le dimanche는 '일요일마다(tous les dimanches)'를 의미합니다.
· Le dimanche, je vais à l'église. 일요일마다, 나는 교회에 갑니다.

Samedi는 '이번 주 토요일(ce samedi)'을 의미합니다.
· Samedi, il va chez des amis. 토요일에 그는 그의 친구들 집에 갑니다.

Verbes impersonnels 비인칭동사

(1) Exprimer un état météorologique(날씨 상태를 표현) : pleuvoir, venter, neiger, grêler
  · Il pleut. 비가 오다. · Il neige. 눈이 오다.
(2) Falloir(que), suffire de : Il faut + 명사 ~가 필요하다
  　　　　　　　　　　　　　Il faut + 동사〈que + sub〉 ~을 해야만 한다, ~할 필요가 있다
  · Il faut le permis pour conduire. 운전하기 위해서는 면허증이 필요하다.
  · Il faut oser. 용기를 내야 해. · Il suffit d'une fois. 한 번으로 충분하다.
(3) Être : il est préférable ~하는 것이 좋겠다
  · Il est préférable de partir le plus vite possible. 가능한 빨리 떠나면 좋겠습니다.
(4) Avoir : il y a ~이 있다
  · Il y a de l'eau dans le verre. 잔에 물이 있다.
(5) Faire : il fait + 날씨 / il fait bon + inf. ~하는 것은 기분이 좋다
  · Il fait beau. 날씨가 좋다.
  · Il fait bon se promener au printemps. 봄에 산책을 하는 것은 유쾌한 일이다.
(6) Rester : il reste (à / que+) ~할 일이 남아 있다
  · Il te reste beaucoup à faire. 너에게 해야 할 일이 많이 남아 있다.
(7) Paraître : il paraît + 속사 de + inf. ~인 것 같다 / ~que + ind ~라고들 한다
  · Il paraît nécessaire de faire comme ça. 그렇게 하는 게 필요할 것 같다.
  · Il paraît qu'ils vont se marier. 그들이 결혼할 거라고들 해.
(8) Arriver : il arrive + 부정관사, 부분관사 + 명사 ~오다, 발생하다
  　　　　　　il arrive de + inf. / il arrive à qn (...에게) ~하는 일이 있다
  · Il est arrivé un accident. 사고가 발생했다.
  · Il m'arrive de manger chez ma cousine. 이따금 사촌 집에서 식사하는 일이 있다.
(9) Sembler que : il semble que + indicatif(직설법) 실제적 사실
  　　　　　　　　il semble que + subjonctif(접속법) 불확실함 또는 가능성, ~같다
  · Il semble que vous aviez raison. 그가 옳은 것 같다.
  · Il semble que cette voiture soit meilleure que la tienne. 이 차가 너 차보다 더 좋아 보인다.

■ Panette : Dis-moi, Baguy, quelles sont les prévisions météo ?
 J'ai besoin d'un parapluie ?
 바기, 일기예보가 어떤지 말해줘? 우산이 필요할까?

Baguy : Je ne le crois pas, le ciel est sans nuages.
 난 그렇게 생각하지 않아, 하늘에 구름 한 점 없는데.

Panette : Quelle température fait-il ?
 온도가 몇 도야?

Baguy : La température minimale est de 8 degrés,
 et la maximale sera autour de 29 degrés.
 최저기온은 8도 최고기온은 29도 정도야!

■ Baguy : Bonjour Panette, il fait froid ce matin, n'est-ce pas ?
 안녕 빠네뜨, 아침 날씨가 춥지 않니?

Panette : Oh oui, j'ai dû rallumer le chauffage.
 아, 그래! 난방을 다시 켜야 했어.

Baguy : Et moi, c'est pareil. Il faisait 15 degrés dans la maison !
 나도 마찬가지야. 우리 집 실내온도는 15도야!

Panette : Il n'y a plus de saisons ! Le climat est déréglé.
 Un jour, il fait froid, le lendemain il fait chaud.
 더 이상 계절이 없어! 기후가 고르지 못해. 어느 날은 춥고, 이튿날은 덥지.

Baguy : C'est vrai. On ne sait plus comment s'habiller.
 사실 그래. 더 이상 어떤 옷을 입어야 할지 모르겠어.

■ Panette : Salut ! Ça va ?
 안녕! 잘 지내?

Baguy : Ça va. Et toi ?
 잘 지내. 넌?

Panette : Moi, super ! Il y a du soleil !
 난, 매우 좋아! 해가 비치잖아!

Baguy : Mais il fait trop chaud ! Il fait plus de 29 degrés.
 그런데 너무 더워! 29도 이상이야.

Panette : Moi, je préfère la chaleur au froid.
 난 추운 것보다 더운 게 더 좋아.

Baguy : Ça ne va pas durer !
 더위가 지속되지는 않을 거야!

Panette : Il va bientôt pleuvoir.
 곧 비가 올 거야.

- Faire la pluie et le beau temps : avoir tous les pouvoirs, être tout puissant, décider de tout 비옷 뒤에 땅이 굳어진다.
- S'attirer les foudres de quelqu'un : s'attirer les reproches, la colère et la condamnation de quelqu'un ~의 분노를 초래하다.
- Un temps de chien : un temps pourri, pluvieux, gris, froid et nuageux 매우 고약한 날씨
- Ne pas être tombé (né) de la dernière pluie : avoir de l'expérience, être averti 노련하다, 경험이 많다.
- Un soleil de plomb : un soleil écrasant 불볕(더위)
- Un vent à décorner les bœufs : un vent très violent 강풍
- Avoir du vent dans les voiles : être ivre, ne pas marcher droit ou marcher saoul d'un pas décidé (술에 취하여) 비틀거리다.
- Avoir le vent en poupe : être favorisé par les circonstances, être poussé vers le succès 순풍을 받다. 일이 순조롭게 잘 되어지다.
- Un temps de cochon 매우 고약한 날씨
- Un froid sibérien (시베리아 같은) 매우 추운 날씨
- Un brouillard à couper au couteau : la visibilité est pratiquement nulle 짙은 안개
- Geler à pierre fendre : il fait très froid 꽁꽁 얼어붙은 혹한이다.
- Le pire orage éclate au moment de la moisson : la période de la moisson est celle où se produisent beaucoup de tempêtes et d'orages 수확기에 가장 심한 폭풍우가 내리다.
- Il pleut (tombe) des hallebardes 비가 억수로 쏟아진다.
- Il pleut (tombe) des cataractes 비가 억수로 쏟아진다.
- La pluie tombe à verse 비가 억수로 쏟아진다.
- Il pleut à grands torrents 비가 억수로 쏟아진다.

un vent à décorner les bœufs

Faire la pluie et le beau temps

🞓 Les vacances 바캉스

바캉스vacances는 '텅 빔', '비어있음'을 의미하는 단어로서, 프랑스인에게 바캉스는 집을 비워두는 것을 의미하고, 어딘가를 떠난다는 것입니다. 프랑스의 바캉스의 전통은 16세기 왕과 귀족들에게서 기인한 것으로서, 이들은 풍광이 좋은 대서양 근처 루아르Loire 강변지역에 쉬농소, 샹보르 같은 성을 지어놓고

파리 지역의 더운 날씨를 피해 바캉스를 보냈습니다. 19세기까지 보통 사람들은 거의 여행을 할 수 없었습니다. 장인들, 파리의 쁘티부르주아, 학생, 공장노동자들은 여름이 되면, 가까운 교외의 선술집에서 일요일을 보냈습니다.

비시Vichy에 있는 온천장이 1826년에 개장되었고, 첫해 수욕장이 1822년 디에프Dieppe에서 개장됨으로써, 여성들은 긴 블라우스와 바지를 입고 머리를 싸매고 물에 들어가는 것이 고작이었습니다.

반면에 귀족과 상층 부르주아만이 자신의 농원과 성, 고급 별장을 지니고 있었으며, 4마리의 말이 끄는 10인 내지 12인승 마차가 그들의 빠르고 먼 여행을 가능하게 해주었습니다. 그들의 사교계의 생활은

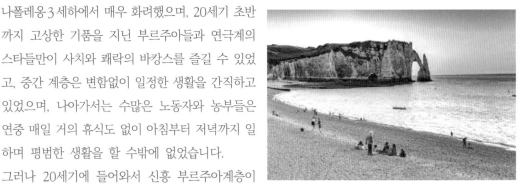

나폴레옹 3세하에서 매우 화려했으며, 20세기 초반까지 고상한 기품을 지닌 부르주아들과 연극계의 스타들만이 사치와 쾌락의 바캉스를 즐길 수 있었고, 중간 계층은 변함없이 일정한 생활을 간직하고 있었으며, 나아가서는 수많은 노동자와 농부들은 연중 매일 거의 휴식도 없이 아침부터 저녁까지 일하며 평범한 생활을 할 수밖에 없었습니다.

그러나 20세기에 들어와서 신흥 부르주아계층이 생성됨으로써 일반계층은 물론 학생들에 이르기까지 바캉스grandes vacances, 여가문화가 확산되기 시작합니다. 특히, 세계1차대전 후 프랑스인들의 일상생활에는 커다란 변화가 이루어졌으며, 전쟁 이후에 얻은 평화와 번영은 그들의 물질적 호기심과 과거로부터의 탈피하고자 하는 욕구의 결과물로, 코르셋을

거부하고, 미니스커트가 등장하게 만들었으며, 르노, 시트로앵, 푸조 등과 같은 자동차를 양산하게 했습니다. 에펠탑은 매일 저녁 강렬한 조명을 받게 되었고, 또한 아프리카, 아시아, 남아프리카 등과 같은 각처를 향하는 상업항공노선 등이 등장하기 시작함으로써, 프랑스의 여가생활과 바캉스 문화는 엄청난 변화를 맞게 되었습니다.

Les congés 휴가

휴가에 있어서 혁명적인 계기가 된 시기인, 1936년 인민전선의 사회정책은 1년에 2주의 유급휴가 congés payés를 법으로 결정하였고, 일반노동자들도 유급휴가를 즐길 수 있게 만들었습니다. 이러한 휴가제도는 휴양지의 문화를 바꾸어 나갔으며, 아울러 관광과 캠핑문화의 변화를 이끌었습니다. 그 이후 2차 대전 동안 프랑스인들은 정신적, 물질적 고통 속에 머물러 있어야 했지만, 전쟁 이후, 급속한 경제부흥으로 인해, 농촌과 도시의 현대화가 이루어졌으며, 1950년 이후에 이르러서는 개인교통수단의 발달과 소득증대, 1968년 6.8혁명으로 교육개혁과 더불어 사회전반의 개혁이 이루어짐으로써, 산업화에 의한 자본의 지배와 관료주의적인 억압에 대항하고자 하는 '자유의식'이 확대됨으로써, 프랑스인들의 여가에 대한 의식은 한층 더 두드러졌다고 할 수 있습니다.

또한, 1년에 5주간의 유급휴가가 프랑스인들의 여름, 겨울, 주말휴가를 가능하게 함은 물론, 비행기를 이용한 원거리를 여행을 가능하게 함으로써, 프랑스의 여가문화를 꽃피우게 했습니다.

En plus

Le congé

'Le congé'란 단어는 'permission', 허가를 뜻하는 라틴어에서 유래된 어휘입니다. 즉, 임금노동자에게 일을 멈추는 것을 허가한다는 것입니다. 그래서 'congé' 휴가는 질병휴가(le congé maladie), 산모휴가(le congé maternité), 부성휴가(le congé paternité) 등이 있습니다.

Les vacances

'Les vacances'란 'période', 기간을 뜻합니다. 's' 없는 단수명사 'vacance'는 일하는 자리에 없음을 뜻하고, 's' 있는 복수명사 'vacances'는 임금노동자가 일을 멈추는 법적 기간을 뜻합니다. 그러므로 인사말로 "좋은 휴가 보내세요!"라고 할 때 "Bonnes vacances !"를 사용합니다.

Activités & Exercices

1. Expliquez les mots suivants en coréen :

    (1) Temps nuageux :

    (2) Temps orageux :

    (3) Temps ensoleillé :

    (4) Temps pluvieux :

    (5) Temps neigeux :

2. Associez quelques expressions météorologiques aux images suivantes :

    (1) Il fait beau.

    (2) Le soleil brille.

    (3) Il y a du vent.

    (4) Il pleut.

    (5) Il y a des nuages.

    (6) Il fait mauvais.

    (7) Il y a de l'orage.

    (8) Il y a du brouillard.

    (9) Il fait froid.

   (10) Il fait moins cinq degrés.

   〈   〉   〈   〉   〈   〉

     〈   〉   〈   〉

⟨　　⟩

⟨　　⟩

⟨　　⟩

⟨　　⟩

⟨　　⟩

3. Mots cachés sur la météo :

P	R	J	T	O	S	F	U	R
O	S	O	L	E	I	L	T	D
I	D	K	N	E	I	G	E	H
K	U	N	U	F	W	H	P	F
J	C	H	A	U	D	I	N	K
N	F	Y	G	D	N	C	M	I
B	H	V	E	N	T	X	S	O
O	B	A	O	W	O	Q	Z	E

4. Complétez avec les expressions impersonnelles : il y a, il faut, il fait, il pleut, il est.

(1) (　　　　　) beau.

(2) (　　　　　) manger trois fois par jour.

(3) (　　　　　) trois kilomètres d'ici à la gare.

(4) (　　　　　) interdit de fumer.

(5) (　　　　　) toute la semaine !

프랑스 교육제도

■ 프랑스 학교는 종교와 무관한 무상 의무 교육입니다.

L'école en France est laïque, gratuite et obligatoire de 3 à 16 ans.

École maternelle 유치원 3살에서 5살	· 3살반 · 4살반 · 5살반
École primaire 초등학교 6살에서 10살	· CP 초등1년 · CE1 초등2년 · CE2 초등3년 · CM1 초등4년 · CM2 초등5년
Collège 중학교 11살에서 14살	· Sixième 중1 · Cinquième 중2 · Quatrième 중3 · Troisième 중4

Brevet des Collèges 중학교 졸업장

Lycée 고등학교 15세에서 18세	· Seconde · Première · Terminale
Baccalauréat 대학입학자격시험	대학 입학 자격을 부여하는 시험으로서 일반(인문, 경제사회, 과학 계열), 기술, 직업 3개 분야로 나뉘어 3학년 말인 6월에 1주일 정도 논술 시험으로 실시됩니다. 단 국어인 프랑스어는 2학년 말에 시행됩니다. 철학 논술문제는 삶에 대한 성찰을 요하는 문제로 프랑스 사회 전체가 큰 관심을 보입니다.
Université 대학교	· DEUG – Licence – DEA / DESS – Doctorat · 2004년부터 LMD시스템 Licence – Master 1 / 2 – Doctorat · Licence (학사) : 3년 · Master 1 / Master 2 (석사) : 2년 · Doctorat (박사) : 2년에서 3년
Les Grandes Écoles 그랑제콜	최고 수준의 교육을 통해 프랑스 사회의 엘리트를 양성하는 고등 교육 기관입니다. 대표적인 그랑제꼴은 École normale supérieure, École polytechnique, École Nationale d'Administration 등이 있습니다.

Photo de famille

> " Tel père, tel fils. "

Papy Croûton
Mamie Tradition
Papa
Maman
Tonton Fougasse
Tata Miche
Moi, Panette Tresse
Ficelle
Cousin
Cousine

학습요점

- 가족에 관한 표현
- 소유형용사
- 강세형 인칭대명사

Baguy : Qui sont ces gens sur la photo ?
사진에 이 사람들은 누구야?

Panette : C'est ma famille !
내 가족이야!

Baguy : Qui sont ces personnes âgées, au premier rang ?
첫 번째 줄에 이 나이 드신 분들은 누구야?

Panette : Ce sont mes grands-parents : Papy Croûton et Mamie Tradition.
내 할아버지 할머니야: 할아버지 크루똥과 할머니 트라디시옹이야.

Baguy : Et là, à gauche ? Qui est-ce ?
저기 왼쪽에 있는 사람은 누구야?

Panette : Mes parents.
내 부모님이야.

Baguy : Qui est ce petit garçon ?
이 어린 남자 아이는 누구야?

Panette : C'est Ficelle, mon petit frère.
내 남동생 피셀이야.

Baguy : Et cette jeune fille ?
이 젊은 여자 아이는?

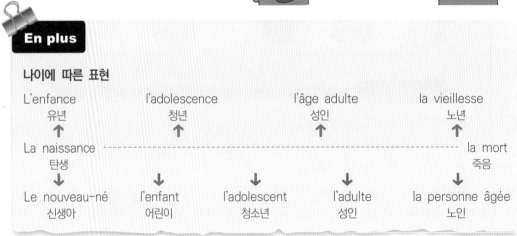

En plus

나이에 따른 표현

L'enfance 유년	l'adolescence 청년	l'âge adulte 성인	la vieillesse 노년
↑	↑	↑	↑

La naissance --- la mort
탄생   죽음

↓	↓	↓	↓	↓
Le nouveau-né 신생아	l'enfant 어린이	l'adolescent 청소년	l'adulte 성인	la personne âgée 노인

- ces : 이, 그, 저. 지시형용사 ce(cet) cette의 복수형
- gens : 사람들
- photo : n.f. 사진
- ma : mon (ma, mes) 나의 (1인칭 단수 소유형용사)
- personne : n.f. 사람
- âgé(e) : a. 나이가 많은, 늙은
- premier(ère) : a. 첫 번째의
- rang : n.m. 열, 줄
- grands-parents : n.m.pl. 조부모
- papy : n.m. 할아버지
- mamie : n.f. 할머니
- gauche : n.f. 왼쪽 / a. 서투른
- parent : n.m. 부모
- garçon : n.m. 남자아이
- frère : n.m. 형제, 형, 아우
- jeune : a. 젊은
- fille : n.f. 여자아이, 딸

Gens / personnes

'Gens'은 '수가 정해지지 않은(nombre indéterminé) 사람들'을 말하고, 'personne'는 '수가 정해진 (nombre déterminé) 사람들'을 말합니다. 따라서 숫자와는 gens이 함께 사용되지 못합니다.

· Il y a des gens dans la rue. / · Les gens pensent...
거리에 사람들이 있습니다.   사람들은 생각합니다...

· Il y a dix personnes dans la rue. / · Quelques personnes pensent...
거리에 10명의 사람이 있습니다.   몇몇 사람들은 생각합니다...

* Tout le monde(모든 사람들)는 les gens의 의미를 가지지만 les gens은 복수형태로,
  Tout le monde는 단수형태로 쓰이는 것에 유의합시다.

Dialogue

Panette : C'est Tresse, ma grande sœur.
내 큰 언니 트레쓰야.

Baguy : Vous êtes trois enfants ?
3형제인 거니?

Panette : C'est ça.
그래.

Baguy : Et là, le monsieur à moustache et la dame, à droite ?
그리고 저기 수염 있는 남자 분과 오른쪽 여자 분은?

Panette : Ce sont les Campagne, ma famille de province : mon tonton Fougasse, ma tata Miche, avec leurs deux enfants.
시골의 내 깡파뉴 가족이야: 내 삼촌 푸가쓰와 미슈 고모 그리고 고모와 고모부 아이들이야.

Baguy : Ton cousin et ta cousine ?
네 사촌인 거지?

Panette : C'est ça. Et toi, Baguy, tu as des frères et sœurs ?
그래. 바기야, 너는 남자 형제나 여자 형제가 있니?

Baguy : Non, je suis pain unique...
아니, 난 외동빵이야...

En plus

Diminutifs(affectueux) 애칭

– 애칭은 보통 음절을 반복합니다.

· grand-père → papy
· grand-mère → mamie
· mère → maman
· père → papa
· oncle → tonton
· tante → tantine, tata, tatie
· chat → minou, minet
· chien → toutou

* 벨기에나 퀘벡에서는 oncle 대신 'mononcle'이나 'mononc'을, tante 대신 'matante'를 쓰기도 합니다.

Langage SMS SMS 언어

· Bjr / bsr	→ Bonjour / Bonsoir	· A+	→ À plus tard	· Kdo	→ cadeau
· C	→ C'est	· C t	→ C'était	· G1pb	→ J'ai un problème
· Fo	→ Il faut	· JTM	→ Je t'aime	· T ou	→ tu es où ?
· ID	→ idée	· NRV	→ énervé	· Cc	→ coucou
· Pk	→ Pourquoi	· SQZ	→ Excusez-moi	· DPCH	→ Dépêche
· Slt	→ salut	· Wétu	→ Où es-tu ?	· T inkiet	→ ne t'inquiète pas

- grand(e) : a. 큰, 위대한
- sœur : n.f. 언니, 누나
- trois : n. 3 / a. 3의
- enfant : n. 아이
- là : 저기
- monsieur : n.m. ...씨, 선생님
- moustache : n.f. 수염
- droite : n.f. 오른쪽
- famille : n.f. 가족
- province : n.f. 지방
- tonton : n.m. 삼촌
- tata : n.f. 고모
- deux : n. 2 / a. 2의
- leur(s) : 그들의(3인칭 복수 소유형용사)
- cousin(e) : n. 사촌
- pain : n.m. 빵
- unique : a. 유일한

En plus

C'est + 관사 / 소유형용사 + 명사

소유형용사나 관사를 쓴 문장에서는 il / elle / ils / elles을 쓰지 않고
〈C'est + 관사 / 소유형용사 + 명사〉를 쓰는 것에 유의합시다.

· C'est mon frère. (o)   / Il est mon frère. (x) 나의 형입니다.
· Ce sont mes parents. (o) / Ils sont mes parents. (x) 나의 부모입니다.

소유형용사 Adjectifs possessifs

소유형용사(Adjectifs possessifs)는 주어의 인칭에 따라 변하며, 소유대상인 명사의 성과 수에 일치합니다.

	남성단수명사	여성단수명사	복수명사
1인칭 단수(나의)	mon	ma	mes
2인칭 단수(너의)	ton	ta	tes
3인칭 단수(그의, 그녀의)	son	sa	ses
1인칭 복수(우리의)	notre		nos
2인칭 단·복수(너희들의, 당신(들)의)	votre		vos
3인칭 복수(그들의, 그녀들의)	leur		leurs

· mon père 나의 아버지 / ta mère 너의 어머니 / ses parents 그의 부모
· notre professeur 우리들의 선생님 / leur maison 그들의 집

ma / ta / sa는 소유대상이 여성 명사라도 모음이나 무음 h(h muet) 앞에서는 mon / ton / son이 됩니다.
· mon amie 내 친구 / ton amie 너의 여자친구 / son histoire 그의 이야기

강세형 인칭대명사 Pronoms toniques

명사나 대명사를 강조할 때 강세형 인칭대명사를 사용하는데 형태는 다음과 같습니다.

	주격 인칭대명사	강세형
나 / 제	Je	moi
너	Tu	toi
그 / 그녀	Il / Elle	lui / elle
우리	Nous	nous
당신(들) / 너희들	Vous	vous
그들 / 그녀들	Ils / Elles	eux / elles

인칭대명사를 강조할 때 사용되는데, 〈c'est / ce sont〉 다음, 전치사 다음, et, ni 다음에 강세형 인칭대명사가 사용되지만, 주어가 없이 단독으로 사용될 수는 없습니다.
· Eux, ils sont japonais. Et elles ? 그 남자들은 일본사람이야. 그 여자들은?
· Ni lui ni elle ne parlent espagnol. 그도 그녀도 스페인어를 못합니다.
· Théo habite chez toi ? 떼오가 네 집에 사니?
· Bonjour, c'est moi ! 안녕하세요, 저예요!
· Moi, je m'appelle Élise. (o) / Moi m'appelle Élise. (x) 나, 나는 엘리즈입니다.

* On의 강세형 인칭대명사는 soi입니다.
　・ On est bien chacun chez soi. 사람들은 모두 자기 집에서 편한 법이다.

Orientation 방향

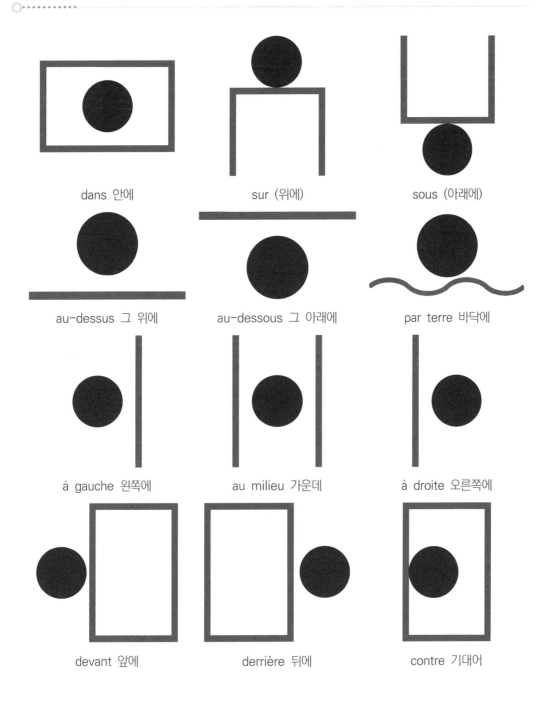

dans 안에

sur (위에)

sous (아래에)

au-dessus 그 위에

au-dessous 그 아래에

par terre 바닥에

à gauche 왼쪽에

au milieu 가운데

à droite 오른쪽에

devant 앞에

derrière 뒤에

contre 기대어

à côté de 옆에　　　entre 사이에　　　en face de 맞은편에

tout droit 곧바로　　　faire demi-tour U턴 하다　　　traverser 가로지르다

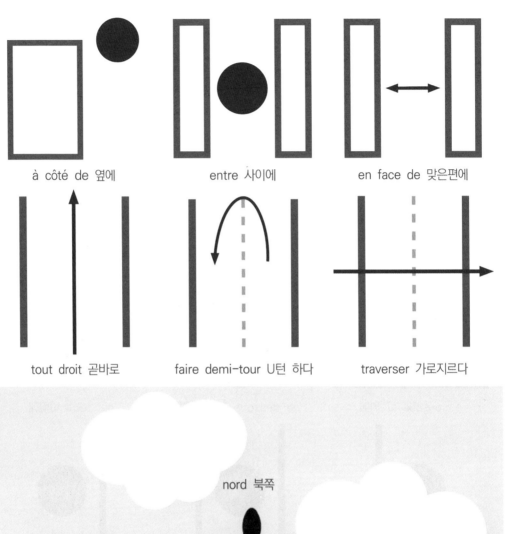

nord 북쪽

nord-ouest
북서쪽

nord-est
북동쪽

ouest 서쪽

est 동쪽

sud-est
남동쪽

sud-ouest
남서쪽

sud 남쪽

■ Panette : C'est qui ?
누구니?

Baguy : C'est le frère de mon père.
나의 아빠의 남자형제야.

Panette : C'est ton oncle, alors !
그러면 삼촌이구나.

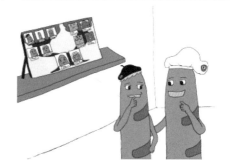

■ Antoine : Comment elle s'appelle, votre troisième fille ?
당신의 셋째 딸 이름이 뭔가요?

Chloé : Notre petite dernière ? C'est Marie.
우리 막내요? 마리입니다.

■ Thomas : Qu'est-ce que tu fais ce week-end ?
이번 주에 너 뭐하니?

Clara : Je vais chez ma grand-mère. Il y a un repas de famille.
Il y aura tous mes oncles et tantes.
할머니 댁에 갈 거야. 가족 식사가 있어. 삼촌들과 고모들 모두 있을 거야.

Thomas : Tu vas t'ennuyer ?
너 지겹지 않겠니?

Clara : Non, il y aura tous mes cousins et toutes mes cousines.
아니야, 사촌들도 모두 있을 거야.

Pour aller plus loin

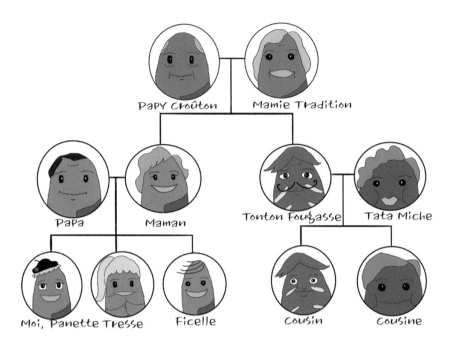

 En plus

grand-père (papy) 할아버지   grand-mère (mamie) 할머니
père (papa) 아버지 mère (maman) 어머니 oncle (tonton) 삼촌 tante (tata) 고모
moi 나 sœur 누나, 언니 frère 형, 오빠, 아우   cousin(e) 사촌

· neveu 남자 조카   nièce 여자 조카
· petit-fils 손자   petite-fille 손녀

· mari 남편 / ex-mari 전남편	↔	femme 아내 / ex-femme 전처
· fille 딸	↔	fils 아들
· frère 형, 오빠	↔	sœur 누나, 언니
· beau-père 시아버지, 새아버지	↔	belle-mère 시어머니, 새어머니
· beau-frère 매형, 장남	↔	belle-sœur 처제, 시누이
· gendre 사위	↔	belle-fille 며느리
· jumeaux 쌍둥이	↔	jumelles 쌍둥이
· veuf 홀아비	↔	veuve 과부

Culture

■ Pacs vs Mariage 팍스 vs 결혼

프랑스에서 동거에 대한 표현은 concubinage, union libre, cohabitation, ménage de fait 등 여러 가지가 있습니다. 사피어와 워프의 에스키모인들의 '눈'에 대한 가설에 따르자면 그만큼 프랑스에는 동거가 상대적으로 자연스런 것임을 보여주는 것이라고 할 수 있습니다. 1999년 11월 11월부터 시행된 '시민연대협약'인 팍스PACS : Pacte Civil de Solidarité는18세 이상의 동거인에게 법적 부부와 같은 사회적 혜택을 주는 법률로, 동성연애자들도 이 혜택을 누릴 수 있어 한동안 논란이 되기도 했습니다. 결혼에는 시민 결혼과 종교 결혼이 있습니다. 법적으로 부부임이 인정되는 것은 시청에서 행해지는 시민 결혼식Mariage civil에 의해서 입니다. 결혼식이 끝나면 가족수첩Livret de famille를 시청에서 발부해줍니다. 결혼식이 끝나고 베풀어지는 축하연에서 신랑과 신부는 아몬드 모양의 설탕이 입혀진 드라줴 dragées라고 불리는 사탕을 부모님과 하객들에게 선사합니다. 또 결혼식에서 하객들이 신랑과 신부에게 행복과 번영을 바라는 뜻에서 쌀을 던지는 풍습이 있습니다.

드라줴(dragées)

■ Le phénomène Tanguy 탕기 현상

앙드레 지드가 말해서 유명해진 가족이여, ≪나는 당신을 증오합니다 Famille, je vous hais≫ 문구가 오늘날에는 ≪famille, je vous aime≫ 로 바뀌었다고 프랑스 젊은이들은 스스로 이야기합니다. 프랑스에서는 젊은이들은 성인이 되면 집을 떠나quitter le nid familial 연인이나 친구들과 독립적으로 자유롭게 생활하는 것이 이전에는 일반적이었으나 실업문제 등 경제적인 이유 등으로 부모로부터 독립하는 시기가 점점 더 늦어지고 있는데 이를 탕기 현상Le phénomène Tanguy이라고 합니다. Étienne Chatiliez 감독의 영화 〈탕기〉는 28세가 되었는데도 집을 떠나지 않는 아들이 집을 떠나게 하려고 온갖 방법을 동원하는 내용(À 28 ans, il habite toujours chez ses parents)으로 이 영화의 주인공 이름을 따서 탕기 현상이라고 합니다.

■ Sous X 익명 출산

프랑스에서는 여성이 자신의 신분을 숨긴 채 출산할 권리를 법적으로 보장해주고 있습니다. 이런 경우 부모의 이름을 기입하는 난에 이름 대신 X표시를 하므로 프랑스에서 익명 출산을 'Sous X'라고 부릅니다. 1941년 이후 오늘에 이르기까지 익명 출산 비용과 양육비는 국가가 책임을 지고 있습니다.

Activités & Exercices

1. Complétez les cercles à l'aide de ces informations :

- Léa a 3 enfants.
- Marie est la fille de Thomas.
- Gérald est le grand-père d'Emma.
- Frédéric est l'oncle de Damien.
- Marie et Camille sont sœurs.
- Mathilde est la belle-mère de Thomas.

- Camille a un frère et une sœur.
- Camille est la petite-fille de Mathilde
- Laure est la belle-fille de Mathilde.
- Thomas est le beau-frère de Frédéric.
- Damien est le cousin d'Emma.

Emma

2. Complétez avec les adjectifs possessifs :

(1) Ma voiture est ici. Et toi, où est _____ voiture ?

(2) Elle habite avec _____ amie ? Non, elle habite chez _____ parents.

(3) Julie et Nicole sont _____ enfants ? Oui, ce sont nos enfants.

(4) C'est _____ maison ? Oui, ils habitent ici.

3. Complétez :

(1) Le mari de ma fille est _____.

(2) La mère de mon mari, c'est _____.

(3) Le plus jeune des frères, c'est _____.

(4) La période avant le mariage s'appelle _____.

4. Vrai ou faux ?

(1) Un orphelin n'a pas de parents.

    ☐ vrai   ☐ faux

(2) L'aîné est le deuxième enfant de la famille.

    ☐ vrai   ☐ faux

(3) C'est la mère biologique qui accouche de l'enfant.

    ☐ vrai   ☐ faux

(4) Deux enfants qui ont le même père ou la même mère sont demi-frères ou demi-sœurs.

    ☐ vrai   ☐ faux

Frère Jacques

Frè-re   Jac-ques,   Frè-re   Jac-ques,   Dor-mez - vous ?   Dor-mez - vous ?

Son-nez les ma-ti-nes Son-nez les ma-ti-nes Ding, daing, dong   Ding, daing, dong

Frère Jacques, Frère Jacques,

Dormez-vous ? Dormez-vous ?

Sonnez les matines, Sonnez les matines !

Ding, daing, dong !

Ding, daing, dong !

Mauvaise mine

"
Loin des yeux, loin du cœur.
"

학습요점

- 건강 상태 말하기
- avoir 동사 표현
- 형용사

Panette : Baguy, ça ne va pas ? Tu as mauvaise mine !
바기, 안 좋니? 안색이 안 좋아

Baguy : Je ne me sens pas bien... Je n'ai pas fermé l'œil de la nuit...
좀 안 좋아... 밤새 한숨도 못 잤어...

Panette : Pauvre Baguy ! Où as-tu mal ?
불쌍한 바기! 어디 아프니?

Baguy : Euh... un peu partout...
어... 여기 저기 다...

Panette : Tu as mal à la tête ? À la gorge ? Aux oreilles ? Tu as peut-être pris froid ?
머리가 아프니? 목이? 귀가? 아마도 감기 걸린 것 같은데?

Baguy : J'ai mal à la tête, mais je n'ai mal ni à la gorge, ni aux oreilles.
머리는 아픈데 목과 귀가 아프지는 않아.

Panette : Et aux dents ?
이는?

Baguy : Non, je n'ai pas mal aux dents.
아니, 이는 아프지 않아.

Panette : Tu as de la fièvre ?
열이 나니?

Baguy : Non, je crois que je n'ai pas de fièvre.
아니, 열이 나지는 않는 것 같아.

Panette : Est-ce que tu as mal au ventre ?
배는 아프니?

Baguy : Oui, j'ai très mal au ventre.
응, 배가 많이 아파.

Panette : Tu as des vertiges ?
현기증이 나니?

Baguy : Oui. Je me sens faible.
응, 힘이 없어.

Panette : Il vaut mieux que tu voies un médecin. J'appelle le SAMU.
의사를 만나는 게 좋겠어. 구급차를 부를게.

Baguy : Non, ce n'est pas la peine. Ça va passer.
아니야, 그럴 필요 없어. 괜찮아질 거야.

Panette : Baguy, j'ai une question.
바기, 질문이 있어.

Baguy : Oui ?
응?

· mauvais(e) : a. 나쁜, 불량한
· mine : n.f. 안색, 낯
· fermé : v. fermer(닫다)의 과거분사
· œil : n.m. 눈, 시력
· pauvre : a. 불쌍한
· partout : ad. 사방에, 도처에
· tête : n.f. 머리
· gorge : n.f. 목
· oreille : n.f. 귀
· dent : n.f. 이, 치아
· fièvre : n.f. 열
· ventre : n.m. 배
· vertige : n.m. 어지러움, 현기증
· faible : a. 약한
· ce n'est pas la peine : ...할 필요가 없다

En plus

Il vaut mieux que + subjonctif

· Il vaut mieux que tu voies un médecin 의사를 보러 가는 게 좋겠어.

주관적인 태도를 나타내기 때문에 종속절에 voir의 2인칭 접속법 형태가 사용되었습니다.
접속법은 현실성(actualité)이 없는 주관적인 표현을 하고자 할 때 종속절에서 사용되며 형태는 3인칭
복수에서 −ent를 제거한 어간에 접속사 어미 −e, −es, −e, ions, iez, ent를 붙이면 됩니다.

COUPER	PARTIR	ÊTRE	AVOIR	SAVOIR	VOIR
Que je coupe	Que je parte	Que je sois	Que j'aie	Que je sache	Que je voie
Que tu coupes	Que tu partes	Que tu sois	Que tu aies	Que tu saches	Que tu voies
Qu'il/elle/on coupe	Qu'il/elle/on parte	Qu'il/elle/on soit	Qu'il/elle/on ait	Qu'il/elle/on sache	Qu'il/elle/on voie
Que nous coupions	Que nous partions	Que nous soyons	Que nous ayons	Que nous sachions	Que nous voyions
Que vous coupiez	Que vous partiez	Que vous soyez	Que vous ayez	Que vous sachiez	Que vous voyiez
Qu'ils/elles coupent	Qu'ils/elles partent	Qu'ils/elles soient	Qu'ils/elles aient	Qu'ils/elles sachent	Qu'ils/elles voient

* espérer 동사는 주관적인 바람이나 종속절에 직설법(indicatif)을 이끄는 것에 유의합시다.
 · J'espère qu'il partira demain. 나는 내일 그가 떠나기를 바랍니다.
 · Je veux qu'il parte maintenant. 나는 그가 지금 떠나기를 바랍니다.

Dialogue

Panette : Qu'est-ce que tu as mangé exactement aujourd'hui ?
오늘 너 정확히 뭘 먹은 거니?

Baguy : Euh... J'ai mangé... une salade niçoise...
어... 먹었어... 니스식 샐러드...

Panette : Et puis ?
그리고?

Baguy : Une bouillabaisse...
부이야베스...

Panette : Une bouillabaisse ? Après une salade niçoise ?
부이야베스? 니스식 샐러드 먹고 나서?

Baguy : Puis du fromage...
그리고 치즈...

Panette : Du fromage ? Quel fromage ?
치즈? 어떤 치즈?

Baguy : Du camembert... du chèvre... et du roquefort.
까망베르... 염소 치즈... 로크포르.

Panette : Baguy ! Mais c'est beaucoup trop !
바기! 너무 많아!

Baguy : Mais je n'ai pas mangé beaucoup de roquefort...
그래도 로크포르를 많이 먹진 않았어...

Panette : Tu n'as pris de dessert, j'espère ?
디저트는 안 먹었었을 거야, 그렇지?

Baguy : Juste un petit saint-honoré...
생토노레 아주 조금...

Panette : Baguy, tu as une indigestion !
바기, 너 소화불량이야.

Baguy : C'est grave ?
심각한 거니?

Panette : Non, ce n'est pas grave ! Mais tu dois faire attention à ta santé !
Tu n'es vraiment pas raisonnable !
심각하진 않아! 하지만 건강에 유의해야지! 너 정말 분별이 없구나!

- exactement : ad. 정확하게
- aujourd'hui : n.m. 오늘 / ad. 요즈음
- niçois(e) : a. 니스식의
- puis : ad. 그러고 나서
- après : ad. ...뒤에
- fromage : n.m. 치즈
- chèvre : n.f. 염소 / n.m. 염소 치즈
- trop : ad. 몹시, 매우
- espérer : v. 바라다
- dessert : n.m. 디저트
- indigestion : n.f. 소화불량
- grave : a. 심각한, 근엄한
- dois : v. devoir(... 해야 된다)의 2인칭 단수
- faire attention : 주의하다
- santé : n.f. 건강
- vraiment : ad. 정말로
- raisonnable : a. 분별이 있는, 합리적인

En plus

- avant-hier – hier – aujourd'hui – demain – après-demain
  그저께   어제   오늘   내일   모레
- la semaine / l'année dernière – cette semaine / cette année – la semaine / l'année prochaine
  지난주 / 작년   이번 주 / 이번 해   다음주 / 내년
- le mois / mardi dernier – ce mois-ci / ce mardi – le mois prochain / mardi prochain
  지난달 / 지난 화요일   이번 달 / 이번 화요일   다음달 / 다음 화요일

Avoir (2) : Avoir + 정관사 + 신체명

- Il a les chèveux noirs / roux et les yeux bleus / verts.
  그는 검은 / 붉은 머리카락과 푸른 / 초록 눈을 가지고 있다.
- Elle a les cheveux blonds. = Elle est blonde.
  그녀는 금발의 머리카락을 가졌다. = 그녀는 금발이다.

- Elle est noire는 〈흑인이다〉의 의미이기 때문에, 〈그녀의 머리카락은 검다〉는 Elle a les cheveux noirs
  로 표현해야 합니다.

위의 경우처럼 신체의 소유자가 문장의 주어인 경우 소유형용사가 아니라 정관사를 사용합니다.

- Ma tête est brûlante. 내 머리가 뜨거워요.
- J'ai mal à la tête. (o) / J'ai mal à ma tête. (x) 나는 머리가 아파요.
  * 형용사가 명사 앞에 놓이는 경우는 부정관사와 함께 사용되는 것에 유의합시다.
    - Elle a un petit nez et une jolie bouche. 그녀는 작은 코와 예쁜 입술을 가졌다.

그 외에도 〈avoir〉는 많은 숙어적 표현에 사용됩니다.

- Elle a l'air en forme. 그녀는 컨디션이 좋은 것 같다. (avoir l'air en : ...인 것 같다)
- Tu as de la chance. 너는 운이 좋구나. (avoir de la chance : 행운이 있다)
- Il a bon caractère. 그는 원만하다. (avoir bon / mauvais caractère : 원만하다, 사납다)
- La réunion a lieu salle A. 회의는 A 교실에서 있습니다. (avoir lieu : 행해지다)

Articles indéfinis et partitifs dans la phrase négative
부정문에서 부정관사 & 부분관사

부정문에서 부분관사와 부정관사는 생략되어 〈pas (plus, jamais) de〉가 됩니다.

> un / une / des
> → ne ... pas(plus, jamais) + DE
> du / de la / de l'

- Tu as de la fièvre ? 열이 나니? – Non, je n'ai pas de fièvre. 아니, 열이 나지 않아.
- Tu as pris du roquefort ? 로크포르 치즈 먹었니?
  – Je n'ai pas mangé de roquefort. 로크포르 치즈 안 먹었어...

정관사의 경우, être 동사 다음, 하나를 강조할 때 그리고 대립된 두개의 표현에서는 관사를 생략하지 않는 것에 유의하세요.

· Je n'aime pas le lait. 나는 우유를 좋아하지 않아.
· Ce n'est pas une voiture japonaise. 그것은 일본 자동차가 아니야.
· Elle n'a pas dit un mot. 그녀는 한 마디도 하지 않았어.
· N'achetez pas de la margarine, achetez du beurre ! 마아가린 사지 말고 버터 사세요!

espérer 동사

〈Espérer〉 동사는 〈préférer〉 동사와 같이 동사변화를 하는 1군 동사의 변이형태로 아래와 같이 2개의 어간(radical)을 가지는 동사입니다. Nous와 vous를 제외하고 철자기호가 인칭에 따라 é가 è로 바뀝니다.

PRÉFÉRER
Je préfère
Tu préfères
Il / Elle / On préfère
Nous préférons
Vous préférez
Ils / Elles préfèrent

ESPÉRER
J'espère
Tu espères
Il / Elle / On espère
Nous espérons
Vous espérez
Ils / Elles espèrent

- Où as-tu mal ? 어디 아프니?

  J'ai mal   à la tête   /   à la gorge   /   au ventre
               머리가 아파   목이 아파   배가 아파

               au dos   /   à l'estomac   /   aux dents
               등이 아파   위가 아파   이가 아파

               aux reins   /   aux jambes   /   au cœur
               허리가 아파   다리가 아파   울렁거려

- Baguy : Aïe, une de mes dents doit avoir une carie !
  아야, 내 이빨 중 하나가 썩은 것 같아!

  Panette : C'est pas étonnant, tu manges trop de bonbons.
  놀랄 것도 아니야, 너 사탕 너무 많이 먹어!

- Baguy : Ça va ?
  잘 지내?

  Panette : Non, j'ai mal aux pieds.
  아니, 발이 아파.

  Baguy : Ah bon, pourquoi ?
  그래? 왜?

  Panette : J'ai beaucoup marché ce matin.
  오늘 아침에 많이 걸었어.

Pour aller plus loin

– La moutarde me monte au nez.
화가 머리끝까지 나다.

– Ça se voit comme le nez au milieu de la figure.
눈에 확 띄인다. 명확하다.

– C'est le pied ! 끝내줘!

– Mettre les pieds dans le plat.
무례한 언동을 하다.

– Faire la sourde oreille.
못들은 체하다.

– Les murs ont des oreilles.
낮말은 새가 듣고 밤 말은 쥐가 듣는다.

– Jeter un coup d'œil.
엿보다.

– Avoir les yeux plus gros que le ventre.
능력보다 야심이 크다.

– Ça m'a coûté les yeux de la tête.
무척 비싸다.

– Donner un coup de main à quelqu'un.
도움을 주다.

– Montrer patte blanche.
암호를 말하다. 식별 표지를 내보이다.

– Graisser la patte à quelqu'un.
매수하다, 뇌물을 주다.

– Mettre la puce à l'oreille.
경계심을 품게 하다, 경고하다.

응급의료서비스

1. 에스오에스 메드생 S.O.S. Médecins

S.O.S. Médecins은 야간에 응급환자가 발생하거나 환자를 병원으로 이동하기 어려운 경우, 의사가 환자를 방문하여 진찰하는 서비스입니다.

2. 사뮈 SAMU : Service d'Aide Médicale d'Urgence

SAMU는 프랑스의 응급의료서비스를 맡고 있는 기관입니다. 첨단의료장비와 수준 높은 의료 인력을 갖추고 있어 구급차 안에서 종합병원과 같은 수준의 진료 및 치료가 이루어집니다. 응급의료서비스의 전화번호는 15번, 경찰구조대Police secours는 17번, 소방서Pompiers는 18번, 그 외 모든 응급전화번호는 112, 말하기나 듣기가 어려운 경우 SMS나 팩스는 114입니다.

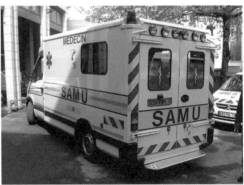

■ Fromages de France 프랑스 치즈

Brie, **Région parisienne**

Maroilles, **Nord**

Camembert,
Normandie

Munster, **Alsace**

Pouligny Saint-Pierre,
Centre-Val-de-Loire

Comté, **Jura**

Tomme, **Savoie**

Ossau-Iraty,
Pyrénées

Bruccio, **Corse**

Roquefort,
Occitanie

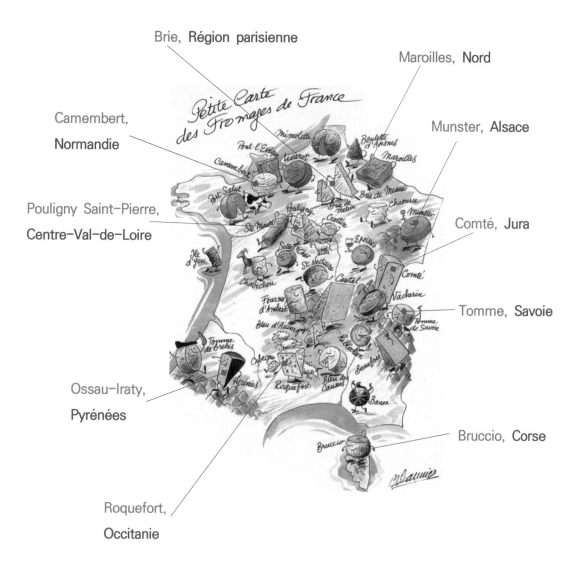

Activités & Exercices

1. Complétez :

(1) J' _____ mal partout !

(2) J'ai mal au _____, j'ai mal au _____.

(3) J'ai mal à la _____, j'ai mal à la _____.

(4) J'ai mal aux _____, j'ai mal aux _____.

2. Correct ou incorrect :

(1) Ce ne sont pas de poissons. (   )

(2) Tu n'aimes pas de fromage. (   )

(3) Elle n'a pas de fièvre. (   )

(4) Je ne prends pas du lait. (   )

(5) Vous n'avez pas d'enfants. (   )

3. Complétez avec quel(s) ou quelle(s) :

(1) _____ âge avez-vous ?

(2) _____ heure est-il ?

(3) Vous habitez à _____ étage ?

(4) _____ beau temps !

(5) _____ est votre profession ?

(6) Vous pratiquez _____ sports ?

(7) Vous aimez _____ couleurs ?

4. Complétez :

(1) Pour entrer, montrez patte _____.

(2) Ah ! Ça m'a coûté _____ de la tête.

(3) Chut ! _____ ont des oreilles.

(4) Il a les yeux plus gros que _____.

5. Indicatif présent ou subjonctif présent ? Complétez :

(1) Je souhaite qu'il (partir : _____) maintenant.

(2) Il vaut mieux que tu (venir : _____).

(3) Je sais bien que tu (être : _____) sérieux.

(4) Maman ne veut pas que nous (manger : _____) des bonbons.

(5) Je doute qu'il (faire : _____) attention.

Salade niçoise : la recette

INGRÉDIENTS

Pour 4 personnes

1 belle laitue / 4 tomates / 200 g de thon à l'huile / 3 œufs durs /
8 anchois à l'huile / 1 oignon nouveau / 100 g d'olives noires /
10 cl de vinaigrette à l'huile d'olive / sel / poivre du moulin /
250 g de haricots verts

1. Lavez la salade.
2. Faites cuire les haricots verts dans de l'eau bouillante salée et faites-les refroidir rapidement dans de l'eau froide.
3. Lavez les tomates, coupez-les en quartiers et épépinez-les.
4. Émiettez le thon.
5. Écalez les œufs et coupez-les en rondelles.
6. Mettez tous ces ingrédients dans un saladier et ajoutez la vinaigrette à l'huile d'olive.
7. Mélangez et ajustez l'assaisonnement.
8. Décorez avec les anchois et les olives.
9. Bon appétit !

Un compagnon à quatre pattes

> " Quand le chat n'est pas là, les souris dansent. "

학습요점

- 💡 동물 표현 말하기
- 💡 명사의 복수형
- 💡 pouvoir 동사 · 대명동사

Dialogue

Panette : Baguy, j'ai une grande nouvelle !
바기, 대단한 뉴스가 있어!

Baguy : Qu'est-ce que c'est ?
뭐야?

Panette : J'ai décidé d'adopter un animal !
동물 입양하기로 했어!

Baguy : Quel animal ?
어떤 동물?

Panette : J'hésite.... Un chien ? Un poisson ? Un lapin ?
고민 중이야... 개? 물고기? 토끼?

Baguy : Les chiens, c'est gentil !
개는 착하지!

Panette : Oui, mais ça donne du travail ! Il faut les sortir... Ça prend du temps.
그래, 그런데 일이 많아! 산책시켜야지... 시간이 많이 들어.

Baguy : Adopte des poissons !
물고기를 입양해!

Panette : Les poissons, c'est joli, mais ce n'est pas très intelligent.
물고기는 예쁜데 똑똑하지 않아.

Baguy : Prends une tortue !
거북이를 입양해!

Panette : Une tortue ? C'est un peu ennuyeux, comme animal, non ?
거북이? 좀 지루한 동물, 아니니?

Baguy : Alors adopte un lapin !
그러면 토끼를 입양해!

Panette : Les lapins, c'est très mignon, mais ça grignote tout à la maison !
토끼는 귀여운데 집에 있는 모든 걸 갉아 먹어!

Baguy : Alors prends un serpent !
그러면 뱀을 키워봐!

- nouvelle : n.f. 소식, 소설 / a. 새로운(nouveau)의 여성형
- décidé : v. décider(결정하다)의 과거분사
- adopter : v. 입양하다
- animal : n.m. 동물
- quel(le)(s) : 어떤 (의문형용사)
- hésite : v. hésiter(주저하다, 망설이다)의 1인칭 단수
- chien : n.m. 개
- poisson : n.m. 물고기, 생선
- lapin : n.m. 토끼
- gentil(le) : a. 친절한
- travail : n.m. 일, 작업
- sortir : v. 외출하다, 데리고 나가다
- Ça prend du temps : 시간이 걸리다
- intelligent(e) : a. 똑똑한
- tortue : n.f. 거북
- ennuyeux(se) : a. 지루한, 성가신
- mignon(ne) : a. 귀여운, 사랑스러운
- grignoter : v. 조금씩 갉아 먹다
- serpent : n.m. 뱀

En plus

⟨prendre⟩ + objet / repas ou boisson / ⟨mettre⟩ + vêtement / temps

⟨prendre⟩ 동사는 ⟨먹다⟩, ⟨마시다⟩, ⟨(교통수단을) 타다⟩와 그 외 여러 숙어적 표현에 사용됩니다.
⟨mettre⟩ 동사는 ⟨놓다⟩ 이외에도 ⟨입다⟩, ⟨시간이 걸리다⟩ 등의 의미를 가집니다.

- Je prends mon parapluie. 나는 우산을 가져가요.
- Je prends le métro. 나는 지하철을 타요.
- Je prends du thé. 나는 차를 마셔요.
- Je prends une douche. 나는 샤워를 해요.
- Elle prend une décision. 그녀가 결정을 하다.
- Je mets une cravate. 나는 넥타이를 매요.
- Il met une heure pour aller au bureau. 그는 사무실 가는 데 1시간 걸린다.
  * ⟨시간이 걸리다⟩로 ⟨mettre⟩ 동사를 사용하지만 주어가 비인칭 ⟨ça⟩인 경우는 ⟨prendre⟩ 동사를
    사용하는 것에 유의합시다.
    - faire la cuisine, ça prend du temps ! 요리를 하는 데는 시간이 걸려!

Dialogue

Panette : Non, c'est dangereux et un peu répugnant !
안 돼, 이건 위험하고 징그러워!

Baguy : Un hamster, alors ?
그러면 햄스터는?

Panette : Un hamster, c'est bruyant... On ne peut pas dormir la nuit.
햄스터는 시끄러워... 밤에 잘 수가 없어.

Baguy : Un perroquet ? C'est gai et amusant !
앵무새는? 밝고 재미있잖아!

Panette : Un perroquet, c'est trop bavard !
앵무새는 너무 수다스러워!

Baguy : Alors je crois qu'aucun animal ne te convient... sauf un !
그러면 너한테 맞는 동물은 없어... 하나 빼고는!

Panette : Lequel ?
뭔데?

Baguy : Devine !
맞춰봐!

Panette : Donne-moi un indice !
힌트 좀 줘!

Baguy : C'est un animal qui fait miaou !
야옹~ 하고 우는 동물!

Panette : Trop facile ! Le chat !
너무 쉽지! 고양이!

Baguy : Je crois qu'un chat sera parfait pour toi.
너한테 고양이는 최고일거야!

Les chats, c'est indépendant... Intelligent, amusant, mignon, et affectueux. Et comme les chats dorment beaucoup, tu seras tranquille !
고양이는 독립적이고... 똑똑하고, 유쾌하고 귀엽고 사랑스럽지. 고양이는 많이 자기 때문에 넌 평온할 거야.

- dangereux(se) : a. 위험한
- un peu : 약간
- répugnant(e) : a. 혐오스러운, 징그러운
- hamster : n.m. 햄스터
- alors : 그러면, 그래서
- bruyant(e) : a. 시끄러운, 수선스러운
- dormir : v. 자다
- perroquet : n.m. 앵무새
- trop : ad. 너무도
- bavard(e) : a. 수다스러운
- aucun(e) : a. 어떠한, 하나도
- convient : v. convenir(어울리다, 작합하다)의 3인칭 단수
- sauf : ...를 제외하고
- lequel(laquelle) : (앞뒤 사람이나 사물을 받아서) 어떤 것(누구)
- Devine : v. deviner(추측하다, 점치다)의 2인칭 단수 명령문
- indice : n.m. 징후, 표시
- miaou : 야옹 / faire miaou : 야옹 야옹 울다
- facile : a. 쉬운
- chat : n.m. 고양이
- sera(s) : v. être(...이다) 동사의 3인칭(2인칭) 단수 미래
- parfait(e) : a. 완전한, 완벽한
- toi : tu(너)의 강세형 인칭대명사
- amusant(e) : a. 재미있는, 유쾌한
- affectueux(se) : a. 다정한, 상냥한
- dorment : v. dormir(자다)의 3인칭 복수
- tranquille : a. 고요한, 평온한

En plus

pouvoir / savoir

⟨savoir⟩는 능력(compétence)을, ⟨pouvoir⟩는 물리적인 가능(possibilité physique)을 나타내는 것에 유의하세요.

- Je ne sais pas conduire. 나는 운전할 줄 모른다.
- J'ai le bras cassé donc je ne peux pas conduire. 내 팔이 부러져서 운전을 할 수 없다.

명사의 복수형

명사의 복수형은 단수형에 –s를 붙여 복수형을 만들지만, –s / –x / –z로 끝나는 경우는 단수형과 복수형이 같고, -eau이나 -eu로 끝나는 경우는 -eaux, -eux로, -al이나 -ail로 끝나는 경우는 -aux로 복수형을 만듭니다. 복수형으로 바뀔 때 발음이 변하는 경우에 유의하면서 읽어봅시다.

– / s	cousin [kuzɛ̃] – cousins [kuzɛ̃] 남자사촌 / cousine [kuzin] – cousines [kuzin] 여자사촌
–s / –s	pays [pei] – pays [pei] 나라 / fils [fis] – fils [fis] 아들
–z / –z	nez [ne] – nez [ne] 코 / gaz [gaz] – gaz [gaz] 가스
–eau / –eaux	eau [o] – eaux [o] 물 / peau [po] – peaux [po] 피부
–eu / –eux	cheveu [ʃəvø] – cheveux [ʃəvø] 머리카락 / jeu [ʒø] – jeux [ʒø] 게임 * pneu – pneus 타이어
–al / –aux	journal [ʒuʀnal] – journaux [ʒuʀno] 신문 / animal [animal] –animaux [animo] 동물 * bal – bals 무도회 / carnaval – carnavals 사육제 / festival – festivals 페스티발
–ail / –aux	vitrail [vitʀaj] – vitraux [vitʀo] 스테인드글라스 / travail [tʀavaj] – travaux [tʀavo] 일

* -ou로 끝나는 7개 명사의 복수형은 -oux인 것에 유의합시다.
  · bijou (x) 보석 / caillou (x) 조약돌 / chou (x) 배추 / genou (x) 무릎 / hibou (x) 부엉이 / joujou (x) 장난감 / pou (x) 이

직접 목적보어 대명사

	단수	복수
1인칭	me	nous
2인칭	te	vous
3인칭	le / la	les

프랑스어에서 반복을 피하기 위해 직접 목적보어 대명사를 사용하는데 동사 앞에 놓입니다. 〈me〉, 〈te〉, 〈nous〉, 〈vous〉는 사람을 대신하지만 〈le〉, 〈la〉, 〈les〉는 사람이나 사물을 대신해서 사용됩니다. 〈me〉, 〈te〉, 〈le〉, 〈la〉는 모음이나 무음 h(h muet) 앞에서〈m'〉, 〈t'〉, 〈l'〉로 모음 축약됩니다.

· Vous prenez le livre ? 당신 책 사시겠어요?
　　　　⇒ Oui, je le prends. 네, 그것을 살게요. (le = le livre)
· Vous voulez la robe ? 원피스 원하세요? ⇒ Oui, je la veux. 네, 그것을 원해요. (la = la robe)
· Tu aimes cette fille ? 너 저 여자아이 좋아? ⇒ Oui, je l'aime. 응, 그녀를 좋아해. (l' = cette fille)
· Vous voulez ces bijoux ? 이 보석 원하나요?
　　　　⇒ Oui, je les veux. 네, 그것들을 원해요. (les = ces bijoux)
· Ils t'invitent ? 그들은 너를 초대했니? ⇒ Oui, ils m'invitent. 응, 그들이 나를 초대했어.

pouvoir 동사

〈...할 수 있다〉의 의미를 가지는 불규칙동사로 1인칭, 2인칭, 3인칭 단수의 주격인칭대명사의 동사는 동일하게 발음됩니다.

POUVOIR		
Je	peux	
Tu	peux	[pø]
Il / Elle / On	peut	
Nous	pouvons	[puvõ]
Vous	pouvez	[puve]
Ils / Elles	peuvent	[pœv]

pouvoir는 명사를 수반하지 않고 〈주어 + 동사〉나 〈pouvoir + 동사원형〉의 구조를 가집니다.
· Je peux ! 난 할 수 있어!
· Je ne peux pas conduire. 나는 운전을 할 수 없다.

Verbes pronominaux 대명동사

대명동사(Verbes pronominaux)의 형태는 〈se / s' + 동사〉으로 주어의 인칭에 따라서 me / m', te / t', se / s', nous, vous, se / s' + 동사이며, 모음이나 무음 h(≪h muet≫)로 시작되는 동사인 경우에는 모음 축약이 되어 m', t', s'가 사용됩니다. 대명동사는 주어의 행위가 자신에게 미치는 재귀적 대명동사와 복수행위의 행위가 서로에게 영향을 미치는 경우인 상호적 대명동사, 주어가 어떤 동작을 수동적으로 당하는 수동적 대명동사, 숙어로 사용되는 본질적 대명동사가 있습니다.

SE LEVER	SE COUCHER	S'APPELER	S'HABILLER	SE REPOSER
Je me lève	Je me couche	Je m'appelle	Je m'habille	Je me repose
Tu te lèves	Tu te couches	Tu t'appelles	Tu t'habilles	Tu te reposes
Il / Elle / On se lève	Il / Elle / On se couche	Il / Elle / On s'appelle	Il / Elle / On s'habille	Il / Elle / On se repose
Nous nous levons	Nous nous couchons	Nous nous appelons	Nous nous habillons	Nous nous reposons
Vous vous levez	Vous vous couchez	Vous vous appelez	Vous vous habillez	Vous vous reposez
Ils / Elles se lèvent	Ils / Elles se couchent	Ils / Elles s'appellent	Ils / Elles s'habillent	Ils / Elles se reposent

부정문: je ne me lève pas, je ne me couche pas, je ne m'appelle pas... 프랑스 사람이 말할 때는 일반적으로 ne를 사용하지 않습니다.
· Je me lève pas, je me couche pas, je m'appelle pas

■ Le chat fait miaou.
고양이는 야옹(miaou)~ 해요.

■ Le chien fait ouah ouah.
강아지는 멍멍(ouah ouah)~ 해요.

■ Le coq fait cocorico.
닭은 꼬끼오(cocorico)~ 해요.

■ L'oiseau fait cui-cui.
새는 짹짹(cuicui)~ 해요.

■ Le canard fait coin-coin.
오리는 꽥꽥(coin coin)~ 해요.

■ La vache fait meuh.
소는 음매(meuh)~ 해요.

■ L'âne fait hi-han.
당나귀는 히잉(hi han)~ 해요.

■ Le poisson fait... ?
물고기는...?

Miaou !

Ouah ouah !

Cui-cui !

? ?

Pour aller plus loin

- Être doux comme un agneau.
  양처럼 유순하다.
- Être têtu comme une mule.
  황소고집을 부리다. / 고집불통이다.
- Il fait un froid de canard.
  매우 춥다.
- Il fait un temps de chien.
  개같이 고약한 날씨이다.
- Avoir une fièvre de cheval.
  온몸이 뜨겁다.
- Avoir une tête de cochon.
  성격이 나쁘다. / 고집이 세다.
- Poser un lapin.
  바람맞히다.
- Avoir une faim de loup.
  속에 거지가 들었다. / 몹시 배가 고프다.
- Revenons à nos moutons.
  본론으로 돌아갑시다.
- Être laid comme un pou.
  매우 못생기다.
- Être rusé comme un renard.
  여우처럼 교활하다.
- Être malin comme un singe.
  원숭이처럼 약삭빠르다.

Être rusé comme un renard

Être doux comme un agneau

◾ Activités de loisirs des Français 프랑스인들의 여가활동

다음 표는 프랑스 사람들이 여가시간에 어떤 활동을 하는지를 묻는 질문(Activités de loisirs pratiquées par les Français en 2015)에 대한 2015년 기준 통계자료입니다. 프랑스인들이 1년 동안 가장 많이 한 여가활동은 독서la lecture로 나타났으며, 다음으로는 스포츠l'activité sportive, 영화le cinéma, 요리 / 제과 la cuisine / la pâtisserie), 만들기 / 실내장식le bricolage / la décoration intérieure, 박물관·전시회 관람la visite culturelle, 그림 그리기la peinture / le dessin, 편물·자수le tricot / la broderie / le crochet, 양장la couture, 스크랩 북 만들기le scrapbooking 등의 순으로 여가활동을 한 것으로 나타났습니다.

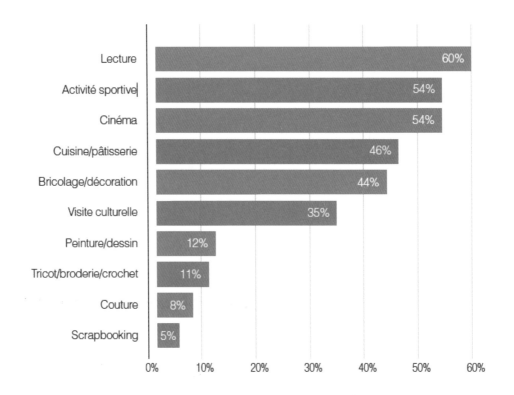

프랑스 사람들이 2015년 한 해 동안 많이 한 스포츠 활동으로는 걷기la marche(55%), 수영la natation(46%), 헬스la musculation(33%), 달리기la course à pied(32%), 자전거타기le cyclisme(30%), 스키le ski(19%) 등의 순 으로 나타났습니다.

◼️ Animaux préférés des Français 프랑스인들이 좋아하는 동물

프랑스인들이 가장 좋아하는 동물은 뭘까요? 2019년 통계에 따르면 첫 번째가 개chien, 두 번째가 고양이chat, 말cheval 등의 순입니다. 1위에서 3위까지의 몇 년간 어느 여론 조사나 같지만 고양이의 선호도가 올라가고 있습니다. 남성의 경우 사자나 호랑이, 여성의 경우 앵무새나 사슴, 젊은이의 경우 원숭이나 판다의 선호도가 높게 나타났습니다. 예전에는 양이나 당나귀 선호도가 높았지만 요즘 들어 돌고래의 선호도가 높은 것은 시대를 반영하는 것이라고 볼 수 있습니다.

Les animaux préférés des Français
Le palmarès !

1ᵉʳ : le chien (56 %)
2ᵉ : le chat (44 %)
3ᵉ : le cheval (33 %)
4ᵉ : le dauphin (25 %)
5ᵉ : l'écureuil (12 %)
6ᵉ : le lapin (11 %)
7ᵉ : la biche (10 %)
8ᵉ : le tigre (9 %)
9ᵉ : le panda (9 %)
10ᵉ : le lion (8.5 %)
11ᵉ : le poisson rouge (8 %)
12ᵉ : la tortue (6.5 %)
13ᵉ : l'éléphant (6 %)
14ᵉ : le perroquet (6 %)
15ᵉ : l'ours (6 %)

Activités & Exercices

1. Reliez :

(1) chat	·		· (a)	meuh
(2) chien	·		· (b)	cocorico
(3) coq	·		· (c)	coin-coin
(4) vache	·		· (d)	ouah ouah
(5) canard	·		· (e)	miaou

2. Complétez selon le modèle :

> Tu apportes une boisson. ⇒ Apporte une boisson.

(1) Tu t'amuses bien avec tes amis. ⇒ _____

(2) Vous allez tout droit. ⇒ _____

(3) Tu ne te réveilles pas tard. ⇒ _____

(4) Nous parlons en français. ⇒ _____

(5) Tu vas chez Sophie. ⇒ _____

3. Répondez avec les verbes pronominaux :

(1) Vous vous levez à quelle heure ? _____

(2) Ils se couchent à quelle heure ? _____

(3) Votre mari ne se douche pas le soir ? Si, _____

(4) Vous ne vous lavez pas le matin ? Non, _____

4. Complétez :

(1) Il est malin comme _____.

(2) J'ai une faim de _____.

(3) Tu es doux comme _____.

(4) Elle est rusée comme _____.

(5) Il fait un froid de _____.

5. Mettez les noms et les adjectifs au pluriel :

(1) un garçon blond   _____

(2) un pneu crevé   _____

(3) un couteau pointu   _____

(4) un œil bleu   _____

(5) un caillou noir   _____

Les gestes culturels

1. J'en ai marre.	/	J'en ai assez.
2. Ça lui est passé sous le nez.	/	Il a raté une bonne occasion.
3. C'est rasoir.	/	C'est ennuyeux.
4. Mon œil !	/	Je ne te crois pas.
5. Et toc !	/	J'ai raison.
6. Il est bourré.	/	Il est saoul.
7. Motus et bouche cousue !	/	C'est un secret.
8. J'ai la trouille.	/	J'ai peur.
9. Je croise les doigts !	/	J'espère. / Je souhaite.
10. C'est délicieux !	/	C'est très bon !

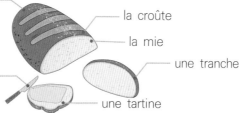

부록

연습문제 정답

Leçon 1

1. ☑ du sel ☑ du levain ☑ de la farine ☑ de l'eau

2. ☑ Hermès ☑ Chanel ☑ Louis Vuitton ☑ Zadig et Voltaire

3. (1) Boulangère (2) Pâtissière (3) Cuisinière (4) Vendeuse
   (5) Directrice (6) Informaticienne

4. (1) le, la (2) de l', du (3) une, la (4) Le

5. ☑ macarons

6. (1) – (d) (2) – (c) (3) – (a) (4) – (b)

7. (1)

 La baguette   Le pain de campagne   L'épi

 La couronne   La ficelle   Le palmier

(2)

le quignon — la croûte — la mie — une tranche — un couteau à beurre — une tartine

Leçon 2

1. (1) agréable   (2) bonne   (3) cuit   (4) bleu   (5) glacé
   (6) parfaite   (7) magnifique   (8) nette   (9) fraîche   (10) nouveau

2. (1) grise   (2) blonde   (3) étroit   (4) grand   (5) noir
   (6) longue   (7) âgé   (8) verte   (9) brune   (10) blanche

3. (1) Ouvre   (2) Fais   (3) Vide   (4) Passe   (5) Ne jette rien
   (6) N'aie pas peur   (7) Réserve   (8) Chante   (9) Monte   (10) Lève-toi !

4. (1) un petit pois dans un ascenseur   (2) la nuit   (3) le marron
   (4) la rose   (5) la mer

5.

(7)↓

	(1)→	r	O	u	g	e
n	o	i	R	(2)←		
(3)→	b	l	A	n	c	
j	a	u	N	e	(4)←	
	(5)→	G	r	i	s	
	b	l	E	u	(6)←	

Leçon 3

1. (1) attendrai   (2) laissera   (3) retrouverons   (4) serez
   (5) aimeront   (6) choisirons   (7) ferez   (8) irons
   (9) auras   (10) verra

2. (1) −ais   (2) −iez   (3) −ait   (4) −ions
   (5) −aient   (6) −ais   (7) −ions   (8) −ait

3.
(1) Les pommes de terre
(2) La viande
(3) Le fromage
(4) La courgette
(5) La farine
(6) Les haricots blancs
(7) Le chou
(8) Le poisson

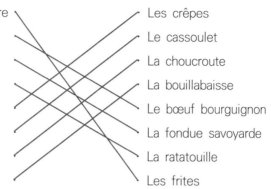

Les crêpes
Le cassoulet
La choucroute
La bouillabaisse
Le bœuf bourguignon
La fondue savoyarde
La ratatouille
Les frites

4.

B	œ	u	f		b	o	u	r	g	u	i	g	n	o	n
S	a	l	a	d	e		n	i	ç	o	i	s	e		
C	o	q		a	u		v	i	n						
R	a	t	a	t	o	u	i	l	l	e					
B	o	u	i	l	l	a	b	a	i	s	s	e			
C	a	s	s	o	u	l	e	t							
F	o	i	e		g	r	a	s							
R	o	q	u	e	f	o	r	t							
C	a	m	e	m	b	e	r	t							
M	o	u	l	e	s	–	f	r	i	t	e	s			

5.

Ingrédients d'origine animale	Légumes	Fruits
– Le poulet	– La pomme de terre	– La poire
– Les œufs	– Le concombre	– L'orange
– Le porc	– La laitue	– La pêche
– Le mouton	– L'aubergine	– L'ananas
– Le crabe	– L'oignon	– La banane
– Le maquereau	– La carotte	– La pomme
– Le thon	– Le radis	– La fraise
– Les moules	– Les haricots	– L'abricot

Leçon 4

1. (1) prenez / prends　　(2) Prends　　　(3) Prenez　　　　(4) prends

2.

Je vais　　à l'université.

(1) à
(2) en

a. bus
b. moto
c. métro
d. bicyclette
e. pied

3. (1) cette voiture　　(2) cet autobus　　(3) cette moto　　(4) ce train
   (5) ce vélo　　　　(6) ce taxi　　　　(7) cette mobylette　　(8) cet avion

4. (1) ce, cette　　　(2) cette　　　(3) cet

5. (1) un autobus, un VTT, un tramway, un autocar, un TGV, un scooter, un RER
   (2) un Airbus, un hélicoptère, une montgolfière
   (3) un canoë, un paquebot, un kayak, un radeau

Leçon 5

1. Bottes (1) : Chapeau (2) : Cardigan (3) : Chaussures pour homme (4) : Cravate (5) :
   Foulard (6) : Gilet (7) : Jupe (8) : Pantalon (9) : Parka (10) : Pull-over (11) :
   Veston (12) : Vêtement de sport (13) :

((7))　　　　((9))　　　　((12))　　　　((5))　　　　((11))

((8))　　　　((10))　　　　((13))　　　　((2))　　　　((6))

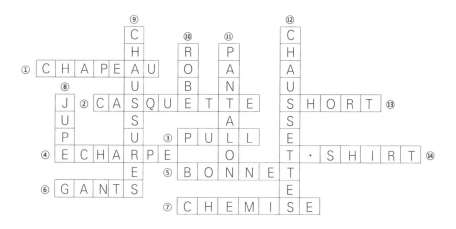

((4))　　　　((1))　　　　((3))

2. Mots croisés

　　–BONNET(5)　–CASQUETTE(2)　–CHAPEAU(1)　–CHAUSSETTES(12)　–CHAUSSURES(9)

　　–CHEMISE(7)　–ECHARPE(4)　–GANTS(6)　–JUPE(8)　–PANTALON(11)　–PULL(3)

　　–ROBE(10)　–SHORT(13)　–T-SHIRT(14)

	⑨		⑩		⑪		⑫					
	C						C					
	H		R		P		H					
① C H A P E A U	R	O		A		A						

⑨ C
H　　⑩R　　⑪P　　　⑫C
① C H A P E A U 　 O 　 A 　 　 H
　⑧　　　　　　B　　N　　　A
　J ② C A S Q U E T T E 　 S H O R T ⑬
　U　　S　　　　　A　　　S
　P　　S　　③ P U L L 　 E
④ E C H A R P E 　 　 O 　 T · S H I R T ⑭
　　　　E　　⑤ B O N N E T
⑥ G A N T S　　　　　　　E
　　　⑦ C H E M I S E

3. (1) Quelle　　(2) Quel　　(3) quelle　　(4) Quelle　　(5) Quel

4. (1) est arrivé　　(2) ont bu　　(3) avons fini　　(4) est venue　　(5) sont allés

Leçon 6

1. (1) Il est neuf heures moins le quart. / Il est huit heures quarante-cinq.

   (2) Il est seize heures trente. / Il est quatre heures et demie de l'après-midi.

   (3) Il est midi douze. / Il est douze heures douze.

   (4) Il est deux heures quarante du matin. / Il est trois heures moins vingt.

   (5) Il est vingt et une heures treize.

2. (1) Il est quinze heures vingt.

   (2) Il est minuit moins dix.

   (3) Il est cinq heures et quart.

   (4) Il est dix-huit heures dix-huit.

   (5) Il est dix heures moins le quart.

3. (1) 4시 15분   (2) 11시 36분   (3) 1시 27분   (4) 3시 50분   (5) 18시 30분

4. (1) Il est dix heures et demie.

   (2) Il est midi (minuit).

   (3) Il est trois heures moins le quart.

   (4) Il est six heures.

   (5) Il est neuf heures et quart.

5. (1) savent   (2) sait   (3) connaissent   (4) sait   (5) connaît

Leçon 7

1. (1) Temps nuageux : 구름 낀 날씨

   (2) Temps orageux : 비바람이 몰아치는 날씨

   (3) Temps ensoleillé : 쾌청한 날씨

   (4) Temps pluvieux : 비 오는 날씨

   (5) Temps neigeux : 눈이 오는 날씨

2.

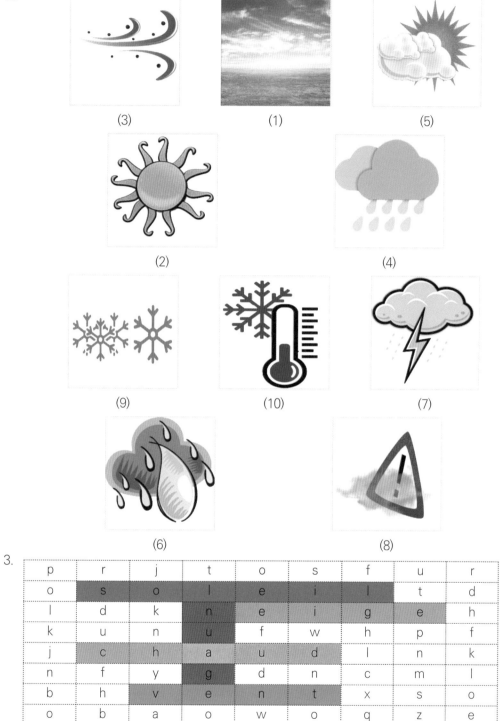

(3)

(1)

(5)

(2)

(4)

(9)

(10)

(7)

(6)

(8)

3.

p	r	j	t	o	s	f	u	r
o	s	o	l	e	i	l	t	d
l	d	k	n	e	i	g	e	h
k	u	n	u	f	w	h	p	f
j	c	h	a	u	d	l	n	k
n	f	y	g	d	n	c	m	l
b	h	v	e	n	t	x	s	o
o	b	a	o	w	o	q	z	e

4. (1) Il fait   (2) Il faut   (3) Il y a   (4) Il est   (5) Il pleut

Leçon 8

1.

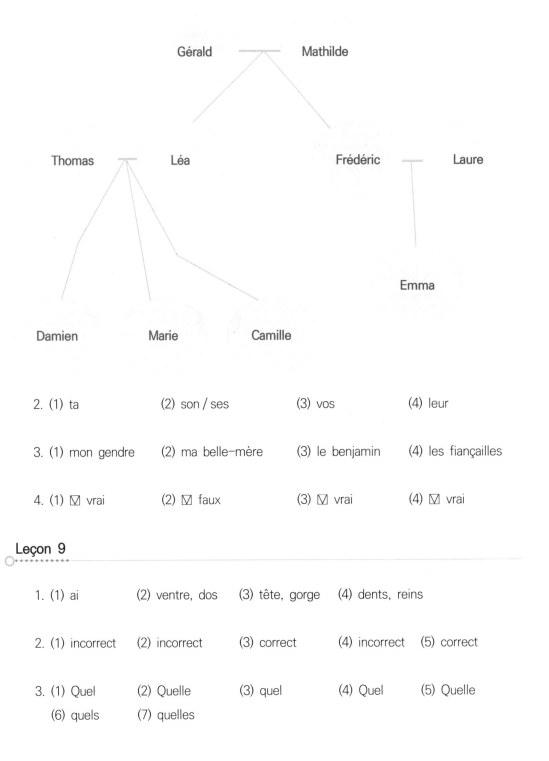

2. (1) ta   (2) son / ses   (3) vos   (4) leur

3. (1) mon gendre   (2) ma belle-mère   (3) le benjamin   (4) les fiançailles

4. (1) ☑ vrai   (2) ☑ faux   (3) ☑ vrai   (4) ☑ vrai

Leçon 9

1. (1) ai   (2) ventre, dos   (3) tête, gorge   (4) dents, reins

2. (1) incorrect   (2) incorrect   (3) correct   (4) incorrect   (5) correct

3. (1) Quel   (2) Quelle   (3) quel   (4) Quel   (5) Quelle
    (6) quels   (7) quelles

4. (1) blanche   (2) les yeux   (3) Les murs   (4) le ventre

5. (1) parte   (2) viennes   (3) es   (4) mangions   (5) fasse

Leçon 10

1.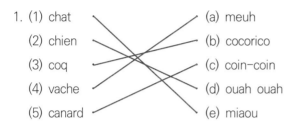

   (1) chat   (a) meuh
   (2) chien   (b) cocorico
   (3) coq   (c) coin-coin
   (4) vache   (d) ouah ouah
   (5) canard   (e) miaou

2. (1) Amuse-toi bien avec tes amis.
   (2) Allez tout droit.
   (3) Ne te réveille pas tard.
   (4) Parlons en français.
   (5) Va chez Sophie.

3. (1) Nous nous levons (Je me lève) à 6 heures.
   (2) Ils se couchent à 11 heures.
   (3) Il se douche le soir.
   (4) Je ne me lave pas le matin. / Nous ne nous lavons pas le matin.

4. (1) un singe   (2) loup   (3) un agneau   (4) un renard   (5) canard

5. (1) des garçons blonds   (2) des pneus crevés   (3) des couteaux pointus
   (4) des yeux bleus   (5) des cailloux noirs

1. 관사

(1) 정관사

	남성	여성
단수	le (l')	la (l')
복수	les	

(2) 축약관사

à +	le	au
	les	aux
de +	le	du
	les	des

(3) 부정관사

	남성	여성
단수	un	une
복수	des	

(4) 부분관사

남성	여성
du (de l')	de la (de l')

2. 인칭대명사

1인칭 단수	2인칭 단수	3인칭 단수	1인칭 복수	2인칭 단·복수	3인칭 복수
Je	Tu	Il / Elle	Nous	Vous	Ils / Elles

3. 강세형 인칭대명사

	주격 인칭대명사	강세형
나 / 제	Je	moi
너	Tu	toi
그 / 그녀	Il / Elle	lui / elle
우리	Nous	nous
당신	Vous	vous
그들 / 그녀들	Ils / Elles	eux / elles

4. 명사

(1) 명사의 성

남성명사 + e	un ami → une amie un étudiant → une étudiante
남성명사가 e로 끝난 경우 동일	un pianiste → une pianiste un élève → une élève
남성명사 마지막 자음이 중복되는 경우	un lycéen → une lycéenne un paysan → une paysanne

남성명사 마지막 음절의 발음이 변하는 경우	un boulanger → une boulang**ère** un acteur → une act**rice** un danseur → une danseu**se**
다른 단어인 경우	un père → une mère un oncle → une tante

(2) 명사의 복수형

단수 명사 + s	un livre → des livre**s** une table → des table**s**
단수가 s, x, z로 끝난 경우, 단·복수 동일	un pays → des pays un prix → des prix
단수가 eau, eu로 끝난 경우, 단수 + x	un bateau → des bateau**x** un jeu → des jeu**x** (예외: pneu → pneus)
단수가 al, ail로 끝난 경우, -aux	un animal → des ani**maux** un travail → des trav**aux** (예외: bal, carnaval, festival → bals, carnavals, festivals)
복수형태의 예외적인 경우	un œil → des yeux monsieur → messieurs madame → mesdames mademoiselle → mesdemoiselles

5. 형용사

(1) 품질형용사

	남성	여성
단수	joli, grand, petit mince, jeune, rouge bon, coréen, gentil, gros français, heureux beau (bel), nouveau (nouvel), vieux (vieil) doux, frais	jolie, grande, petite mince, jeune, rouge bonne, coréenne, gentille, grosse française, heureuse belle, nouvelle, vieille douce, fraîche
복수	jolis, grands, petits minces, jeunes, rouges bons, coréens, gentils, gros français, heureux beaux, nouveaux, vieux doux, frais	jolies, grandes, petites minces, jeunes, rouges bonnes, coréennes, gentilles, grosses françaises, heureuses belles, nouvelles, vieilles douces, fraîches

(2) 지시형용사

	남성	여성
단수	ce, cet	cette
복수	ces	

(3) 의문형용사

	남성	여성
단수	quel	quelle
복수	quels	quelles

(4) 소유형용사

	남성 단수명사	여성 단수명사	복수명사
1인칭 단수	mon	ma	mes
2인칭 단수	ton	ta	tes
3인칭 단수	son	sa	ses
1인칭 복수	notre		nos
2인칭 단·복수	votre		vos
3인칭 복수	leur		leurs

(5) 수형용사

기수 형용사			
0 zéro	5 cinq	10 dix	15 quinze
1 un	6 six	11 onze	16 seize
2 deux	7 sept	12 douze	17 dix-sept
3 trois	8 huit	13 treize	18 dix-huit
4 quatre	9 neuf	14 quatorze	19 dix-neuf
20 vingt	51 cinquante et un		82 quatre-vingt-deux
21 vingt et un	52 cinquante-deux		90 quatre-vingt-dix
22 vingt-deux	60 soixante		91 quatre-vingt-onze
30 trente	61 soixante et un		92 quatre-vingt-douze
31 trente et un	62 soixante-deux		100 cent
32 trente-deux	70 soixante-dix		200 deux cents
40 quarante	71 soixante et onze		205 deux cent cinq
41 quarante et un	72 soixante-douze		1 000 mille
42 quarante-deux	80 quatre-vingts		10 000 dix mille
50 cinquante	81 quatre-vingt-un		1 000 000 un million

서수 형용사		
1$^{er(re)}$ premier(ère)	6e sixième	20e vingtième
2e deuxième, second(e)	7e septième	21e vingt et unième
3e troisième	8e huitième	22e vingt-deuxième
4e quatrième	9e neuvième	100e centième
5e cinquième	10e dixième	

6. 대명사

(1) 직·간접목적보어인칭대명사

직목	간목
me (m')	me (m')
te (t')	te (t')
le (l')	lui
la (l')	
nous	nous
vous	vous
les	leur

(2) 중성대명사

y	en	le
Tu vas à la banque ? – Oui, j'y vais. – Non, je n'y vais pas.	Vous avez des enfants ? – Oui, j'en ai un. Tu veux du café ? – Non, je n'en veux pas.	Tu sais ? Paul et Marie vont se marier ! – Oui, je le sais. Si ma fille est heureuse, je le suis aussi.

(3) 관계대명사

qui	que
Le bleu est une couleur qui te va bien. Tu connais le garçon qui porte un pantalon noir ?	Rends-moi le cahier que je t'ai prêté. Où est le livre que j'ai acheté hier ?

(4) 지시대명사

	남성	여성
단수	celui	celle
복수	ceux	celles

7. 근접미래

근접미래	
aller 동사 현재 + inf.	곧 ~하려고 한다

8. 근접과거

근접과거	
venir 동사 현재 de + inf.	막 ~했다

9. 부사

부사	
형용사 여성형 + ment	heureux → heureusement doux → doucement (예외: vrai → vraiment gentil → gentiment)

10. 의문문

평서문	Vous_êtes japonaise.
의문문 – 억양법	Vous_êtes japonaise ?
의문문 – 도치법	Êtes-vous japonaise ?
Est-ce que 의문문	Est-ce que vous_êtes japonaise ?

11. 부정문

긍정문	부정문(ne + 동사 + pas)
Je suis français.	Je ne suis pas français

12. 계절 LES SAISONS

봄	여름	가을	겨울
le printemps	l'été	l'automne	l'hiver
au printemps	en été	en automne	en hiver

13. 달 LES MOIS

1월	2월	3월	4월	5월	6월
janvier	février	mars	avril	mai	juin
7월	8월	9월	10월	11월	12월
juillet	août	septembre	octobre	novembre	décembre

14. 요일 LES JOURS

월요일	화요일	수요일	목요일	금요일	토요일	일요일
lundi	mardi	mercredi	jeudi	vendredi	samedi	dimanche

동사변화표

	현재	복합과거	반과거	명령형	접속법	단순미래
aimer 좋아하다	J'aime Tu aimes Il/Elle/On aime Nous aimons Vous aimez Ils/Elles aiment	J'ai aimé Tu as aimé Il/Elle/On a aimé Nous avons aimé Vous avez aimé Ils/Elles ont aimé	J'aimais Tu aimais Il/Elle/On aimait Nous aimions Vous aimiez Ils/Elles aimaient	 Aime Aimons Aimez 	Que j'aime Que tu aimes Qu'il/elle/on aime Que nous aimions Que vous aimiez Qu'ils/elles aiment	J'aimerai Tu aimeras Il/Elle/On aimera Nous aimerons Vous aimerez Ils/Elles aimeront
aller 가다	Je vais Tu vas Il/Elle/On va Nous allons Vous allez Ils/Elles vont	Je suis allé(e) Tu es allé(e) Il/Elle/On est allé(e) Nous sommes allé(e)s Vous êtes allé(e)s Ils/Elles sont allé(e)s	J'allais Tu allais Il/Elle/On allait Nous allions Vous alliez Ils/Elles allaient	 Va Allons Allez 	Que j'aille Que tu ailles Qu'il/elle/on aille Que nous allions Que vous alliez Qu'ils/elles aillent	J'irai Tu iras Il/Elle/On ira Nous irons Vous irez Ils/Elles iront
arriver 도착하다	J'arrive Tu arrives Il/Elle/On arrive Nous arrivons Vous arrivez Ils/Elles arrivent	Je suis arrivé(e) Tu es arrivé(e) Il/Elle/On est arrivé(e) Nous sommes arrivé(e)s Vous êtes arrivé(e)s Ils/Elles sont arrivé(e)s	J'arrivais Tu arrivais Il/Elle/On arrivait Nous arrivions Vous arriviez Ils/Elles arrivaient	 Arrive Arrivons Arrivez 	Que j'arrive Que tu arrives Qu'il/elle/on arrive Que nous arrivions Que vous arriviez Qu'ils/elles arrivent	J'arriverai Tu arriveras Il/Elle/On arrivera Nous arriverons Vous arriverez Ils/Elles arriveront
avoir 가지다	J'ai Tu as Il/Elle/On a Nous avons Vous avez Ils/Elles ont	J'ai eu Tu as eu Il/Elle/On a eu Nous avons eu Vous avez eu Ils/Elles ont eu	J'avais Tu avais Il/Elle/On avait Nous avions Vous aviez Ils/Elles avaient	 Aie Ayons Ayez 	Que j'aie Que tu aies Qu'il/elle/on ait Que nous ayons Que vous ayez Qu'ils/elles aient	J'aurai Tu auras Il/Elle/On aura Nous aurons Vous aurez Ils/Elles auront
connaître 알다	Je connais Tu connais Il/Elle/On connaît Nous connaissons Vous connaissez Ils/Elles connaissent	J'ai connu Tu as connu Il/Elle/On a connu Nous avons connu Vous avez connu Ils/Elles ont connu	Je connaissais Tu connaissais Il/Elle/On connaissait Nous connaissions Vous connaissiez Ils/Elles connaissaient	 Connais Connaissons Connaissez 	Que je connaisse Que tu connaisses Qu'il/elle connaisse Que nous connaissions Que vous connaissiez Qu'ils/elles connaissent	Je connaîtrai Tu connaîtras Il/Elle/On connaîtra Nous connaîtrons Vous connaîtrez Ils/Elles connaîtront
devoir ~해야 한다	Je dois Tu dois Il/Elle/On doit Nous devons Vous devez Ils/Elles doivent	J'ai dû Tu as dû Il/Elle/On a dû Nous avons dû Vous avez dû Ils/Elles ont dû	Je devais Tu devais Il/Elle/On devait Nous devions Vous deviez Ils/Elles devaient	 Dois Devons Devez 	Que je doive Que tu doives Qu'il/elle/on doive Que nous devions Que vous deviez Qu'ils/elles doivent	Je devrai Tu devras Il/Elle/On devra Nous devrons Vous devrez Ils/Elles devront
dire 말하다	Je dis Tu dis Il/Elle/On dit Nous disons Vous dites Ils/Elles disent	J'ai dit Tu as dit Il/Elle/On a dit Nous avons dit Vous avez dit Ils/Elles ont dit	Je disais Tu disais Il/Elle/On disait Nous disions Vous disiez Ils/Elles disaient	 Dis Disons Dites 	Que je dise Que tu dises Qu'il/elle/on dise Que nous disions Que vous disiez Qu'ils/elles disent	Je dirai Tu diras Il/Elle/On dira Nous dirons Vous direz Ils/Elles diront
dormir 자다	Je dors Tu dors Il/Elle/On dort Nous dormons Vous dormez Ils/Elles dorment	J'ai dormi Tu as dormi Il/Elle/On a dormi Nous avons dormi Vous avez dormi Ils/Elles ont dormi	Je dormais Tu dormais Il/Elle/On dormait Nous dormions Vous dormiez Ils/Elles dormaient	 Dors Dormons Dormez 	Que je dorme Que tu dormes Qu'il/elle/on dorme Que nous dormions Que vous dormiez Qu'ils/elles dorment	Je dormirai Tu dormiras Il/Elle/On dormira Nous dormirons Vous dormirez Ils/Elles dormiront

	현재	복합과거	반과거	명령형	접속법	단순미래
entendre 듣다	J'entends Tu entends Il/Elle/On entend Nous entendons Vous entendez Ils/Elles entendent	J'ai entendu Tu as entendu Il/Elle/On a entendu Nous avons entendu Vous avez entendu Ils/Elles ont entendu	J'entendais Tu entendais Il/Elle/On entendait Nous entendions Vous entendiez Ils/Elles entendaient	 Entends Entendons Entendez 	Que j'entende Que tu entendes Qu'il/elle/on entende Que nous entendions Que vous entendiez Qu'ils/elles entendent	J'entendrai Tu entendras Il/Elle/On entendra Nous entendrons Vous entendrez Ils/Elles entendront
être ~이다	Je suis Tu es Il/Elle/On est Nous sommes Vous êtes Ils/Elles sont	J'ai été Tu as été Il/Elle/On a été Nous avons été Vous avez été Ils/Elles ont été	J'étais Tu étais Il/Elle/On était Nous étions Vous étiez Ils/Elles étaient	 Sois Soyons Soyez 	Que je sois Que tu sois Qu'il/elle/on soit Que nous soyons Que vous soyez Qu'ils/elles soient	Je serai Tu seras Il/Elle/On sera Nous serons Vous serez Ils/Elles seront
faire 하다, 만들다	Je fais Tu fais Il/Elle/On fait Nous faisons Vous faites Ils/Elles font	J'ai fait Tu as fait Il/Elle/On a fait Nous avons fait Vous avez fait Ils/Elles ont fait	Je faisais Tu faisais Il/Elle/On faisait Nous faisions Vous faisiez Ils/Elles faisaient	 Fais Faisons Faites 	Que je fasse Que tu fasses Qu'il/elle/on fasse Que nous fassions Que vous fassiez Qu'ils/elles fassent	Je ferai Tu feras Il/Elle/On fera Nous ferons Vous ferez Ils/Elles feront
finir 마치다	Je finis Tu finis Il/Elle/On finit Nous finissons Vous finissez Ils/Elles finissent	J'ai fini Tu as fini Il/Elle/On a fini Nous avons fini Vous avez fini Ils/Elles ont fini	Je finissais Tu finissais Il/Elle/On finissait Nous finissions Vous finissiez Ils/Elles finissaient	 Finis Finissons Finissez 	Que je finisse Que tu finisses Qu'il/elle/on finisse Que nous finissions Que vous finissiez Qu'ils/elles finissent	Je finirai Tu finiras Il/Elle/On finira Nous finirons Vous finirez Ils/Elles finiront
goûter 맛보다	Je goûte Tu goûtes Il/Elle/On goûte Nous goûtons Vous goûtez Ils/Elles goûtent	J'ai goûté Tu as goûté Il/Elle/On a goûté Nous avons goûté Vous avez goûté Ils/Elles ont goûté	Je goûtais Tu goûtais Il/Elle/On goûtait Nous goûtions Vous goûtiez Ils/Elles goûtaient	 Goûte Goûtons Goûtez 	Que je goûte Que tu goûtes Qu'il/elle/on goûte Que nous goûtions Que vous goûtiez Qu'ils/elles goûtent	Je goûterai Tu goûteras Il/Elle/On goûtera Nous goûterons Vous goûterez Ils/Elles goûteront
habiter 살다	J'habite Tu habites Il/Elle/On habite Nous habitons Vous habitez Ils/Elles habitent	J'ai habité Tu as habité Il/Elle/On a habité Nous avons habité Vous avez habité Ils/Elles ont habité	J'habitais Tu habitais Il/Elle/On habitait Nous habitions Vous habitiez Ils/Elles habitaient	 Habite Habitons Habitez 	Que j'habite Que tu habites Qu'il/elle/on habite Que nous habitions Que vous habitiez Qu'ils/elles habitent	J'habiterai Tu habiteras Il/Elle/On habitera Nous habiterons Vous habiterez Ils/Elles habiteront
lire 읽다	Je lis Tu lis Il/Elle/On lit Nous lisons Vous lisez Ils/Elles lisent	J'ai lu Tu as lu Il/Elle/On a lu Nous avons lu Vous avez lu Ils/Elles ont lu	Je lisais Tu lisais Il/Elle/On lisait Nous lisions Vous lisiez Ils/Elles lisaient	 Lis Lisons Lisez 	Que je lise Que tu lises Qu'il/elle/on lise Que nous lisions Que vous lisiez Qu'ils/elles lisent	Je lirai Tu liras Il/Elle/On lira Nous lirons Vous lirez Ils/Elles liront
ouvrir 열다	J'ouvre Tu ouvres Il/Elle/On ouvre Nous ouvrons Vous ouvrez Ils/Elles ouvrent	J'ai ouvert Tu as ouvert Il/Elle/On a ouvert Nous avons ouvert Vous avez ouvert Ils/Elles ont ouvert	J'ouvrais Tu ouvrais Il/Elle/On ouvrait Nous ouvrions Vous ouvriez Ils/Elles ouvraient	 Ouvre Ouvrons Ouvrez 	Que j'ouvre Que tu ouvres Qu'il/elle/on ouvre Que nous ouvrions Que vous ouvriez Qu'ils/elles ouvrent	J'ouvrirai Tu ouvriras Il/Elle/On ouvrira Nous ouvrirons Vous ouvrirez Ils/Elles ouvriront

	현재	복합과거	반과거	명령형	접속법	단순미래
partir 떠나다	Je pars Tu pars Il/Elle/On part Nous partons Vous partez Ils/Elles partent	Je suis parti(e) Tu es parti(e) Il/Elle/On est parti(e) Nous sommes parti(e)s Vous êtes parti(e)s Ils/Elles sont parti(e)s	Je partais Tu partais Il/Elle/On partait Nous partions Vous partiez Ils/Elles partaient	 Pars Partons Partez	Que je parte Que tu partes Qu'il/elle/on parte Que nous partions Que vous partiez Qu'ils/elles partent	Je partirai Tu partiras Il/Elle/On partira Nous partirons Vous partirez Ils/Elles partiront
pouvoir 할 수 있다	Je peux Tu peux Il/Elle/On peut Nous pouvons Vous pouvez Ils/Elles peuvent	J'ai pu Tu as pu Il/Elle/On a pu Nous avons pu Vous avez pu Ils/Elles ont pu	Je pouvais Tu pouvais Il/Elle/On pouvait Nous pouvions Vous pouviez Ils/Elles pouvaient		Que je puisse Que tu puisses Qu'il/elle/on puisse Que nous puissions Que vous puissiez Qu'ils/elles puissent	Je pourrai Tu pourras Il/Elle/On pourra Nous pourrons Vous pourrez Ils/Elles pourront
préférer 더 좋아하다	Je préfère Tu préfères Il/Elle/On préfère Nous préférons Vous préférez Ils/Elles préfèrent	J'ai préféré Tu as préféré Il/Elle/On a préféré Nous avons préféré Vous avez préféré Ils/Elles ont préféré	Je préférais Tu préférais Il/Elle/On préférait Nous préférions Vous préfériez Ils/Elles préféraient	 Préfère Préférons Préférez	Que je préfère Que tu préfères Qu'il/elle/on préfère Que nous préférions Que vous préfériez Qu'ils/elles préfèrent	Je préférerai Tu préféreras Il/Elle/On préférera Nous préférerons Vous préférerez Ils/Elles préféreront
prendre 타다, 잡다	Je prends Tu prends Il/Elle/On prend Nous prenons Vous prenez Ils/Elles prennent	J'ai pris Tu as pris Il/Elle/On a pris Nous avons pris Vous avez pris Ils/Elles ont pris	Je prenais Tu prenais Il/Elle/On prenait Nous prenions Vous preniez Ils/Elles prenaient	 Prends Prenons Prenez	Que je prenne Que tu prennes Qu'il/elle/on prenne Que nous prenions Que vous preniez Qu'ils/elles prennent	Je prendrai Tu prendras Il/Elle/On prendra Nous prendrons Vous prendrez Ils/Elles prendront
s'appeler 이름이 ~이다	Je m'appelle Tu t'appelles Il/Elle/On s'appelle Nous nous appelons Vous vous appelez Ils/Elles s'appellent	Je me suis appelé(e) Tu t'es appelé(e) Il/Elle/On s'est appelé(e) Nous nous sommes appelé(e)s Vous vous êtes appelé(e)s Ils/Elles se sont appelé(e)s	Je m'appelais Tu t'appelais Il/Elle/On s'appelait Nous nous appelions Vous vous appeliez Ils/Elles s'appelaient	 Appelle-toi Appelons-nous Appelez-vous	Que je m'appelle Que tu t'appelles Qu'il/elle s'appelle Que nous nous appelions Que vous vous appeliez Qu'ils/elles s'appellent	Je m'appellerai Tu t'appelleras Il/Elle/On s'appellera Nous nous appellerons Vous vous appellerez Ils/Elles s'appelleront
savoir 알다	Je sais Tu sais Il/Elle/On sait Nous savons Vous savez Ils/Elles savent	J'ai su Tu as su Il/Elle/On a su Nous avons su Vous avez su Ils/Elles ont su	Je savais Tu savais Il/Elle/On savait Nous savions Vous saviez Ils/Elles savaient	 Sache Sachons Sachez	Que je sache Que tu saches Qu'il/elle/on sache Que nous sachions Que vous sachiez Qu'ils/elles sachent	Je saurai Tu sauras Il/Elle/On saura Nous saurons Vous saurez Ils/Elles sauront
se lever 일어나다	Je me lève Tu te lèves Il/Elle/On se lève Nous nous levons Vous vous levez Ils/Elles se lèvent	Je me suis levé(e) Tu t'es levé(e) Il/Elle/On s'est levé(e) Nous nous sommes levé(e)s Vous vous êtes levé(e)s Ils/Elles se sont levé(e)s	Je me levais Tu te levais Il/Elle/On se levait Nous nous levions Vous vous leviez Ils/Elles se levaient	 Lève-toi Levons-nous Levez-vous	Que je me lève Que tu te lèves Qu'il/elle/on se lève Que nous nous levions Que vous vous leviez Qu'ils/elles se lèvent	Je me lèverai Tu te lèveras Il/Elle/On se lèvera Nous nous lèverons Vous vous lèverez Ils/Elles se lèveront
travailler 말하다	Je travaille Tu travailles Il/Elle/On travaille Nous travaillons Vous travaillez Ils/Elles travaillent	J'ai travaillé Tu as travaillé Il/Elle/On a travaillé Nous avons travaillé Vous avez travaillé Ils/Elles ont travaillé	Je travaillais Tu travaillais Il/Elle/On travaillait Nous travaillions Vous travailliez Ils/Elles travaillaient	 Travaille Travaillons Travaillez	Que je travaille Que tu travailles Qu'il/elle/on travaille Que nous travaillions Que vous travailliez Qu'ils/elles travaillent	Je travaillerai Tu travailleras Il/Elle/On travaillera Nous travaillerons Vous travaillerez Ils/Elles travailleront

	현재	복합과거	반과거	명령형	접속법	단순미래
venir 오다	Je viens Tu viens Il/Elle/On vient Nous venons Vous venez Ils/Elles viennent	Je suis venu(e) Tu es venu(e) Il/Elle/On est venu(e) Nous sommes venu(e)s Vous êtes venu(e)s Ils/Elles sont venu(e)s	Je venais Tu venais Il/Elle/On venait Nous venions Vous veniez Ils/Elles venaient	Viens Venons Venez	Que je vienne Que tu viennes Qu'il/elle/on vienne Que nous venions Que vous veniez Qu'ils/elles viennent	Je viendrai Tu viendras Il/Elle/On viendra Nous viendrons Vous viendrez Ils/Elles viendront
voir 보다	Je vois Tu vois Il/Elle/On voit Nous voyons Vous voyez Ils/Elles voient	J'ai vu Tu as vu Il/Elle/On a vu Nous avons vu Vous avez vu Ils/Elles ont vu	Je voyais Tu voyais Il/Elle/On voyait Nous voyions Vous voyiez Ils/Elles voyaient	Vois Voyons Voyez	Que je voie Que tu voies Qu'il/elle/on voie Que nous voyions Que vous voyiez Qu'ils/elles voient	Je verrai Tu verras Il/Elle/On verra Nous verrons Vous verrez Ils/Elles verront
vouloir 원하다	Je veux Tu veux Il/Elle/On veut Nous voulons Vous voulez Ils/Elles veulent	J'ai voulu Tu as voulu Il/Elle/On a voulu Nous avons voulu Vous avez voulu Ils/Elles ont voulu	Je voulais Tu voulais Il/Elle/On voulait Nous voulions Vous vouliez Ils/Elles voulaient	Veux/Veuille Voulons/Veuillons Voulez/Veuillez	Que je veuille Que tu veuilles Qu'il/elle veuille Que nous voulions Que vous vouliez Qu'ils/elles veuillent	Je voudrai Tu voudras Il/Elle/On voudra Nous voudrons Vous voudrez Ils/Elles voudront

프랑스어권 지도

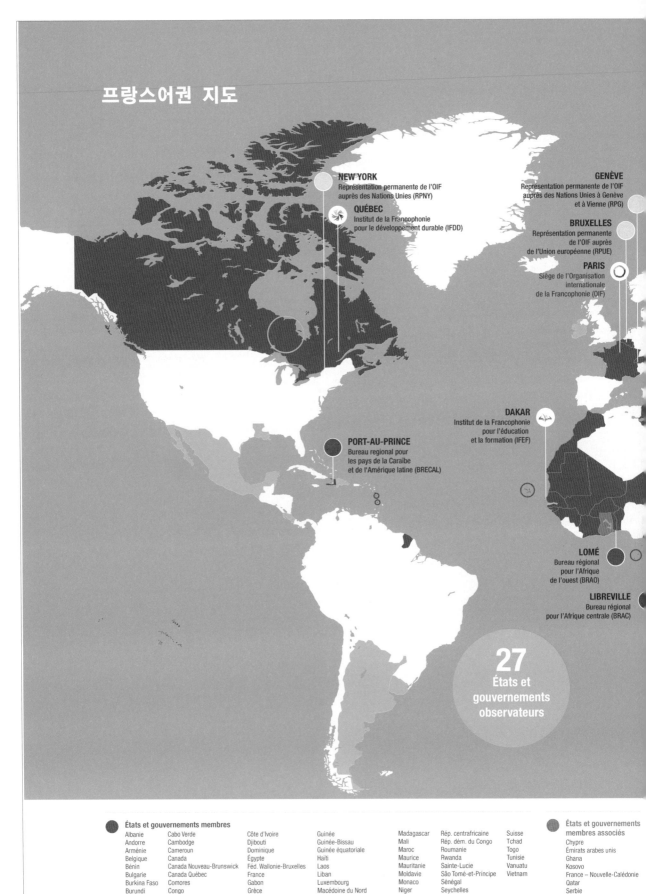

NEW YORK
Représentation permanente de l'OIF
auprès des Nations Unies (RPNY)

QUÉBEC
Institut de la Francophonie
pour le développement durable (IFDD)

GENÈVE
Représentation permanente de l'OIF
auprès des Nations Unies à Genève
et à Vienne (RPG)

BRUXELLES
Représentation permanente
de l'OIF auprès
de l'Union européenne (RPUE)

PARIS
Siège de l'Organisation
internationale
de la Francophonie (OIF)

DAKAR
Institut de la Francophonie
pour l'éducation
et la formation (IFEF)

PORT-AU-PRINCE
Bureau regional pour
les pays de la Caraïbe
et de l'Amérique latine (BRECAL)

LOMÉ
Bureau régional
pour l'Afrique
de l'ouest (BRAO)

LIBREVILLE
Bureau régional
pour l'Afrique centrale (BRAC)

27
États et
gouvernements
observateurs

États et gouvernements membres

Albanie	Cabo Verde	Côte d'Ivoire	Guinée	Madagascar	Rép. centrafricaine	Suisse	
Andorre	Cambodge	Djibouti	Guinée-Bissau	Mali	Rép. dém. du Congo	Tchad	
Arménie	Cameroun	Dominique	Guinée équatoriale	Maroc	Roumanie	Togo	
Belgique	Canada	Égypte	Haïti	Maurice	Rwanda	Tunisie	
Bénin	Canada Nouveau-Brunswick	Féd. Wallonie-Bruxelles	Laos	Mauritanie	Sainte-Lucie	Vanuatu	
Bulgarie	Canada Québec	France	Liban	Moldavie	São Tomé-et-Principe	Vietnam	
Burkina Faso	Comores	Gabon	Luxembourg	Monaco	Sénégal		
Burundi	Congo	Grèce	Macédoine du Nord	Niger	Seychelles		

**États et gouvernements
membres associés**
Chypre
Émirats arabes unis
Ghana
Kosovo
France – Nouvelle-Calédonie
Qatar
Serbie

Les frontières et les noms indiqués sur cette carte n'impliquent pas reconnaissance ou acceptation officielle par l'OIF.

54
États et
gouvernements
membres

La Francophonie, c'est aussi :

ASSEMBLÉE PARLEMENTAIRE DE LA FRANCOPHONIE
Assemblée parlementaire de la Francophonie (APF, Paris)

AUF Agence UNIVERSITAIRE DE LA FRANCOPHONIE
Agence universitaire de la Francophonie (AUF),
Montréal : rectorat et siège
Paris : rectorat et services centraux

TV5MONDE
Paris : TV5MONDE
Québec : TV5 Québec Canada

aimf
Association internationale des maires
francophones (AIMF, Paris)

#UNIVERSITÉSENGHOR
université internationale de langue française
au service du développement africain
Université Senghor (Alexandrie)

BUCAREST
Bureau régional pour l'Europe
centrale et orientale (BRECO)

HANOI
Bureau régional pour l'Asie
et le Pacifique (BRAP)

ADDIS-ABEBA
Représentation permanente
de l'OIF auprès
de l'Union africaine (RPUA)

7
États et
gouvernements
membres
associés

ANTANANARIVO
Bureau régional
pour l'océan Indien (BROI)

États et gouvernements observateurs

Argentine	Géorgie	Monténégro	Thaïlande
Autriche	Hongrie	Mozambique	Ukraine
Bosnie-Herzégovine	Irlande	Pologne	Uruguay
Canada Ontario	Lettonie	République de Corée	
Costa Rica	Lituanie	Rép. dominicaine	
Croatie	Louisiane	Rép. tchèque	
Estonie	Malte	Slovaquie	
Gambie	Mexique	Slovénie	

Représentations permanentes
de l'Organisation internationale
de la Francophonie

Bureaux régionaux
de l'Organisation internationale
de la Francophonie

ORGANISATION
INTERNATIONALE DE
la francophonie

저자 약력

최내경

서경대학교 글로벌비즈니스어학부 불어전공 교수이자 한불문화예술연구소 소장이다. 이화여자대학교 불어불문과에서 학사학위, 서강대학교에서 불어학으로 석사학위, 동대학원에서 언어학으로 박사학위를 받았다. 현재 서경대학교에서 교수로 재직 중이며 저서로는『고흐의 집을 아시나요?』, 『몽마르트르를 걷다』, 『Alain et Pauline』, 『À la rencontre des Français et des francophones』, 『프랑스언어학개론』, 『바람이 좋아요』, 『이야기 프랑스어』 등이 있다. 역서로는『모파상의 행복』, 『목화의 역사』, 『사서 빠뜨』, 『별』, 『어린 왕자』, 『부자뱅이, 가난뱅이』, 『샤를 페로가 들려주는 프랑스 옛이야기』, 『인상주의』, 『나는 죽을 권리를 소망한다』, 『비곗덩어리』, 『보석, 목걸이』 등 다수가 있고, 불역으로는『Le renard mangeur de livres』가 있다. 논문으로는「계몽사상을 통해 본 프랑스 문화의 다양성과 대립양상」, 「계몽지식인의 문화적 열정: 관념적 추상과 실증적 검증의 균형」, 「프랑스 지식인의 역할: 볼테르와 에밀 졸라의 혁신과 저항」, 「프랑스적 가치 똘레랑스」, 「"Déjà"와 "Encore"의 상(Aspect) 연구」 등 다수가 있다.

마리즈 부르뎅

프랑스 파리 제1대학 법학과, 프랑스 동양언어문화대학교(INALCO) 한국어과를 졸업했다. 서울대학교에서 법학 석사학위를 취득했다. 현재 서경대학교에서 프랑스어 교수로 재직 중이며 20년 전부터 프랑스어로 공동 한국 문학 번역 작업에 참여하고 있다. 저서로는『향수 어휘집』, 『프랑스관용어표현집』이 있으며, 불역으로는『Talgung』(서정인의『달궁』, Le Seuil 2001, 2001년 대산문화재단의 한국문학 공동번역상 수상), 『La Ville grise』(현길언의『회색 도시』, Imago 2013), 『Les Ombres du lundi』(김중혁의『당신의 그림자는 월요일』, Decrescenzo Éditeurs 2014), 현기용의『순희 삼촌』(2021년 출판 예정) 등이 있다.

김희경

프랑스 프랑슈-콩테 대학교 언어학 박사학위를 취득했으며 현재 서경대학교 한불문화연구소 책임연구원으로 프랑스문화와 언어를 강의하고 있다. 『향수 어휘집』, 『프랑스관용어표현집』, 『왜 유럽 5개국인가』, 『왜 중국, 미국, 일본, 러시아인가』 등의 저역서가 있으며, 논문으로는「프랑스어 시간전치사 depuis의 특성연구」, 「고등학교 클러스터 교육과정을 통한 국제이해교육 실천 사례분석과 쟁점」, 「par hasard의 담화가치」 등이 있다.

박진석

프랑스 니스 소피아 앙티폴리스 대학 문학박사를 취득했으며 현재 서경대학교 한불문화연구소 책임연구원으로 프랑스문화와 언어를 강의하고 있다. 프랑스문화와 예술, 멀티미디어프랑스어, 남성연구 등 다수의 강의 경력이 있으며『루소와 말제르브의 서간문연구』, 『아프리카의 프랑스어권연구』, 『남성연구』, 『여성사연구』, 『향수 어휘집』, 『프랑스관용어표현집』 등 다수의 저서와 논문이 있다.